小学部から組織的に取り組む

「キャリア発達支援」の実践

編著　千葉県立夷隅特別支援学校　　監修　菊地 一文

はじめに

　本書は、2017（平成29）年度から3年間にわたって、本校が文部科学省の次期学習指導要領に向けた実践研究の研究協力校及び千葉県教育委員会の研究指定校として取り組んだ研究と実践をまとめたものです。キャリア教育の実践の充実を図る際の参考としてお手元に置いていただくことを願って教職員一同で執筆しました。

　この研究の趣旨は、学習指導要領にある「社会に開かれた教育課程」や「主体的・対話的で深い学び」の実現を目指し、教育課程や指導方法の改善・充実のため先導的な実践研究を行い、その成果を全国へ普及させることでした。

　キャリア教育というと出口のみの教育と捉えたり、職場体験に目を向けたりしがちです。しかし、本校は研究をとおして小学部段階からのキャリア発達を意識することが大切であることに気付きました。そして児童生徒のキャリア発達支援に努めることで、教員自身もキャリア発達し、それによって学校や地域も変わるという考えに基づき、実践を積み重ねました。

　実践の中では、小学部の児童が地域の小学生と一緒に遊ぶ中から、楽しさを共有し、発信に気付き、手を引いて次の遊び場に連れていく様子が見られました。

　また、中学部の発語の少ない生徒が、地域の方のお店にお花を置いていただくお願いをした際に、「聞こえない。わからない」と言われたことから、自分から言葉を練習して話そうとする気持ちになり、会話をする能力が飛躍的に向上しました。

　さらには、高等部の生徒が陶芸体験会の開催のために、作業学習の工程の意味を自分から再確認し、お客様に教えるという、今までと違う立場から学びの必要性を強く感じていました。そしてそれは、お客様に「ありがとう」と言われた時の嬉しい笑顔に表れていました。

　児童生徒のキャリア発達への理解が浸透することにより、教員も自分のキャリア発達を意識するようになりました。教員同士の話し合いが活性化したり、ポスター発表の方法を知るために自分たちで研修会を企画したりしました。キャリア教育の研究からは、教員の授業力等の能力の向上だけでなく、教員自身が主体的に参加しようと思う気持ちが高まり、教員がキャリア発達する姿が多く見られるようになりました。

　3年間で2回実施し、全国から多くの参加者に来校いただいた公開研究会は、児童生徒が参加者のおもてなしをすることでキャリア発達する場面となりました。教員は、参加者との話し合い、発表から多くのことを学び、キャリア発達することができました。また、熱心に授業後の協議をしていただいた参加者の方々もご自身のキャリア発達を実感して帰っていただけたことがアンケートから分かりました。

　研究が進むにつれ、地域からもいろいろなことでお声をかけていただくようになりまし

た。いすみ市が主催する「酒米プロジェクト」「菜の花プロジェクト」をとおして、児童生徒のキャリア発達した姿が、地域の方々に認められてきていることを実感しています。

　児童生徒に必要な資質・能力を育んでいくためには、一人一人のキャリア形成やよりよい社会づくりにどのようにつながっているのかを見据えながら、児童生徒自身がなぜ・なんのために学ぶのか、それを通じてどのような力が身に付くのかという、学びの本質的な意義を明確にすることが必要になります。一人一人の児童生徒が、それぞれの発達段階で学ぶことと自己の将来とのつながりを見通すことができるようになることは、キャリア教育の重要な役割です。そして、学びの本質的な意義を明確にすることは、主体的・対話的で深い学びの実現につながります。キャリア教育と主体的・対話的で深い学びは、最も近い関係にあると研究をとおして感じています。

　本校の研究協力校としての3年間は終わりました。しかし、まだまだキャリア教育の充実に向けて必要なことが沢山あり、今後も研究を進めていきたいと考えています。ぜひ、ご高覧いただき、ご指導を賜れば幸いです。

　本校では3年間の研究を進めるにあたり、キャリア教育研究協議会を組織しました。最後に、委員長の弘前大学大学院教授菊地一文先生をはじめとし、近隣の福祉、労働等の関係機関、保護者、小学校、中学校の各外部委員様からの貴重なご指導、ご助言をいただきまして本書がまとまったことをこの場をお借りしましてお礼申し上げます。

千葉県立夷隅特別支援学校　校長　**年光　克水**

もくじ

第4部　今後の期待・展望

第1部

論　説

- ●新学習指導要領とキャリア教育の充実

- ●社会の中で役割を果たし、
  自分らしく生きるために

- ●社会的・職業的自立に向けた
  支援の充実

弘前大学大学院教育学研究科　教授　菊地　一文

1．新学習新学習指導要領とキャリア教育

　新学習指導要領等の公示から数年が経過し、2020（令和2）年度から小学校及び特別支援学校小学部で全面実施され、2021（令和3）年度からは中学校及び特別支援学校中学部で全面実施となる。各校においては、新たに示された「社会に開かれた教育課程」「育成を目指す資質・能力」「主体的・対話的で深い学び」「カリキュラム・マネジメント」などのキーワードを踏まえた取組が進められているところである。

　新学習指導要領では、総則の柱の1つに「児童生徒一人一人の発達をどのように支援するか（児童生徒の調和的な発達を支える指導）」を位置付けており、この柱には、あらゆる学びの場に障害のある児童生徒のほか、日本語に困難のある児童生徒や不登校の状態にある児童生徒など、多様な実態の児童生徒が在籍する可能性があること、さらにはこれらに該当しない児童生徒であっても、多様なニーズがあることを前提に、児童生徒一人一人の発達を踏まえた指導及び支援の必要性を明示している。このことにより「キャリア教育」は高等学校や特別支援学校高等部だけでなく、すべての学校種別及び学校・学部段階において同様に位置付けられることとなった。

　そもそも人は多様であり、一人一人が特別な存在である。よって同じ学校は存在せず、本来的には普通の学校というものも存在しないと考える。言い換えると、どの学校も独自の、そして特別な学校であるはずであり、児童生徒一人一人を大切にすることが前提となる。総則に示すこの視点は、まさに多様なニーズを包み込む柔軟な仕組みである、インクルーシブ教育システムや共生社会の理念と方向性を明確に示していると捉えることができる。

　上述した柱の当該箇所は、特別支援学校小学部・中学部学習指導要領では、第1章総則第5節「児童又は生徒の調和的な発達の支援」1児童又は生徒の調和的な発達を支える指導の充実、小・中学校では、第1章第4節「児童（生徒）の発達の支援」1児童（生徒）の発達を支える指導の充実となる。これらの箇所では、（1）に「学級経営」、（2）に「生徒指導」、（3）に「キャリア教育」が位置付けられている。なお、高等学校及び特別支援学校高等部においても同様の位置付けとなる。

　（1）には、「学習や生活の基盤として、教師と児童（生徒）との信頼関係、児童（生徒）相互の信頼関係及び人間関係を育てるため、日頃から学級経営の充実を図ること」とあり、そのためのガイダンスとカウンセリングの必要性が示されている。（2）には、「自己の存在感を実感しながら、よりよい人間関係を形成し、有意義で充実した学校生活を送る中で、現在及び将来における自己実現を図っていくことができるよう、児童理解又は生徒理解を深め、学習活動と関連付けながら、生徒指導の充実を図ること」とある。（3）には、「**児童又は生徒が、学ぶことと自己の将来とのつながりを見通しながら、社会的・職業的自立**

に向けて必要な基盤となる資質・能力を身につけていくことができるよう、特別活動を要としつつ各教科の特質に応じて、キャリア教育の充実を図ること（以下、省略）」とある。

　（1）～（3）のいずれも、児童生徒が自身の有り様について、他者との関係や社会との関わりをとおして、さらには将来と現在の学びをつなぐ視点からいまを捉え直すことができるようにするとともに、一人一人がよりよく生きるための支援の重要性を示している。これらは教員が教え込めるものではなく、多様な人・こと・ものとの関わりや「対話」をとおして児童生徒自身が感じ、理解し、意味付けられるようにしていくことが重要である。また、そのためには、児童生徒が行っていることや受け止めていることを言語化するなどして引き出し、価値付けていく役割が教師に求められており、児童生徒にとってホームグラウンドとなる学級活動やホームルーム活動における「対話」が重要な意味をもつ。

　なお、新学習指導要領の前文に示された急激な社会の変化は、すでにこれまでの十年間にも生じている状況にあり、児童生徒を取り巻く状況は大きく変化してきているという認識が必要である。また、障害による学習上又は生活上の困難のため、経験が不足がちである児童生徒にとっては、多くのことが未知の状況であるといえる。そのような状況を鑑み、諸問題の解決に向けて、そして一人一人が「よりよく生きる」という目的に向けて、キャリア教育の充実や道徳の教科化、インクルーシブ教育システムの推進等への対応が求められていると考える。

2．キャリア発達の視点を踏まえるとは

　一般的に学校研究等において「キャリア教育の視点」を踏まえるとは、将来につながる学習活動の充実を図るという意味や、いわゆる教科等横断的な視点を踏まえて「育てたい力」や「資質・能力」を捉え、学習活動を展開していくという意味で使われることが少なくない。いずれも間違いではないが、最も重要なことは児童生徒一人一人の「キャリア発達を促す」視点を踏まえることである。

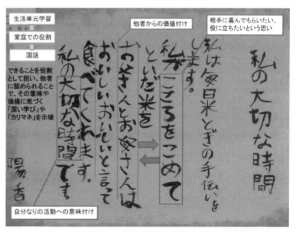

図1　キャリア発達を示唆する知的障害のある生徒の詩

「キャリア教育」は「キャリア発達を促す教育」のことであり、新学習指導要領やその改訂に当たって検討されてきた中央教育審議会による論点整理や答申においても「キャリア発達を促す」ことの意味理解を組織的に図っていく必要性が指摘されてきた。

　では、「キャリア発達」とは何か。キャリア発達とは、「社会の中で自分の役割を果たしながら、自分らしい生き方を実現していく過程」のことである（中央教育審議会，2011）。図1は知的障害のある生徒が書いた詩であるが、ここには自分が役割として為したことが他者から認められるなどして、その意味や価値に気付いていく姿が示されている。まさに

その過程はキャリア発達と言え、キャリア発達は「本人のなかで起こる（意味付け）」ということや「他者との関係性（価値付け）」をとおして大事なことに気付いていくというポイントを示唆している。また、「できる・できない」といった表面に現れるものだけでなく、「できるようになりたい」「いまはできないけれど、他のできることを頑張りたい」「できたことを○○に活かしてみたい」といった「思いの変化」や「内面の育ち」がキャリア発達といえる。定量的には捉えにくい側面があるが、時間の流れを踏まえ、対話という相互作用に着目し定性的に捉えるなど、複数によるていねいな見取りが求められる。

3．キャリア発達を促す「振り返り」の必要性と内面の育ち

　「内面の育ち」とは、顕在化する児童生徒の技能や行動等の背景にある、「思い」や物事への向き合い方の変化のことであり、言い換えるとキャリア発達と捉えられる。また、その支援としての関わり全般を生徒指導と捉えることができるだろう。

　梶田（2007）は「内面の育ち」の重要性について次のように述べている。「一番大事なのは、何によって気持ちが動くようになるのか、何をどのように感じるようになるのか、何をどのように判断するのか、どのような内的促しに導かれて生きていくようになるのか、ということである。（中略）繰り返しになるようだが、内面にその子なりの感性が育たなければならないのである。内面にその子なりの思いとかこだわりが、その子なりの判断力とか決断力が育たなければならないのである。そしてその子なりのエネルギー、あるいはその子なりの時間展望や将来展望が育たなければならないのである。」

　このことは、教科等の枠組みを越え、また、障害の有無等の一人一人の実態という違いを越え、授業等をはじめとするすべての教育活動が児童生徒に影響を与えているということ、そして教師による「教え込み」では実現が難しい、児童生徒にとっての「学び」について再考する必要性を示唆していると捉えられる。

　筆者はこの「内面の育ち」を促し、気付く（あるいは把握し支援する）ための有効なアプローチの一つとし

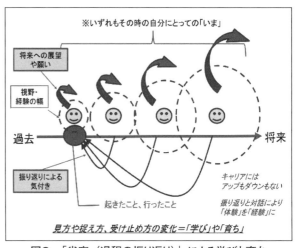

図2　「省察（過程の振り返り）」による学びと育ち

て重要な意味をもつものが振り返りによる「対話」であると考えている（図2）。「為すことによって学ぶ」という考え方は、「特別活動」の趣旨にも示されており、知的障害教育をはじめとする特別の教育課程においては、従前から大切にしてきた、心が動く「豊かな体験」を指向する多様な教育活動に通ずるものであるが、単に体験的な活動のみを重視するのではなく、その「振り返り」によって、確かな「経験」につなげることが肝要である。

　振り返りによって、児童生徒の体験したことの意味や価値への気付き、過去に起こった

ことの捉え直し、将来展望するための視野の広がりにもつながる。この行為は「自己内対話」としての個人思考だけでなく、他者との集団思考や「対話」によって、自他の共通点や違いに気付き、重なる部分に安心し、共感的な態度に支えられたり、異なる部分から多面的な思考や捉えの大切に気付かされたりすることによって児童生徒一人一人の中に蓄積されていくのである。そしてこのような振り返りが少し先への「見通し」を含む、いまの学びと将来をつなぐ「なりたい・ありたい姿」や生徒指導における予防的対応につながっていくと考える。

なお、留意事項として、児童生徒一人一人の学習上又は生活上の困難を克服・改善することを目的とする「自立活動」においても、本人が自分の将来の姿と関連付けて「なぜ・なんのため」取り組むのかについて意識できるようにしていく必要性が示されていることに着目したい。自立活動はどうしても障害等による困難により本人が現在できていないことと向き合うことを求める形になってしまう。そのため本人の「なりたい・ありたい」思いやその姿を大切にし、自身の「強み」に着目できるようにするほか、上述した学級活動などをとおして他者と協働し解決方法を見いだしていくことなどが求められる。このことは同第7章自立活動第3の2（3）「個別の指導計画の作成と内容の取扱い」において、「興味をもって主体的に取り組み、成就感を味わうとともに自己を肯定的に捉えることができるような指導内容」「自己選択・自己決定する機会を設けることによって思考・判断・表現する力を高めることができるような指導内容」「学習の意味を将来の自立や社会参加に必要な資質・能力との関係において理解し、取り組めるような指導内容」と示されていることに留意したい。

まさに学びの主体は児童生徒本人であり、学校教育において教育活動全体をとおして児童生徒一人一人の「学び」への向き合い方を捉え、振り返りや将来展望の視点を踏まえた対話などをとおしてその充実を図ることが求められているのである。

キャリア教育の充実を図る上では、新学習指導要領に新たに明示された「社会に開かれた教育課程」「育成を目指す資質・能力」「主体的・対話的で深い学び」「カリキュラム・マネジメント」の4つのキーワードを踏まえていくことが肝要となる。見方を変えると、キャリア教育の充実を図ることによって新学習指導要領に示された4つのキーワードの実現につながるとも捉えられる。いずれにしてもこれらの趣旨の組織的な理解と、取組の推進が求められようにしていきたい。

4．主体的・対話的で深い学びとキャリア発達支援

新学習指導要領では「主体的・対話的で深い学び」の視点を踏まえた授業等の工夫・改善を求めている（図3）。

図3の「主体的」が示す「将来といまをつなぐ」視点、「対話的」が示す、「他者を含む外界からの刺激をとおして自己の考えを広げ・深める」視点、そして「深い」が示す、「見方・考え方を働かせることにより、新たな気付きや学びにつながる視点、の3つの授業改善の視点は、まさに「キャリア発達を促す」キャリア教育に通ずると捉えられる。

児童生徒は授業のなかで、何に目を向け、何に耳を傾け、何に注意を向け、何を思い、考えているのだろうか。授業においては必ずしも教師が「教えている」＝児童生徒が「学んでいる」とは言えず、児童生徒が教師の意図どおりに学べていないこともあり得る。また、児童生徒は教師が教えていることだけを学んでいるわけではない。授業において児童生徒が「できる・わかる」ためには、教師は児童生徒が感じたことを価値

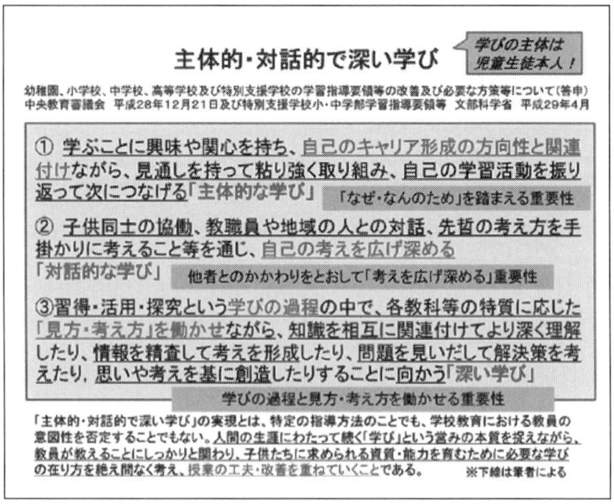

図3 主体的・対話的で深い学びの解説

付けていく必要もあろう。さらには、捉えにくいものほど問い、やりとりすることや、教師と児童生徒あるいは児童生徒同士が互いに考えや気付きを共有していく過程が必要となる。だからこそ振り返りや対話が必要なのである。特に教師においては、互いに授業を見合い、事実としての児童生徒の「発言」や「行動」を捉え、その背景にある児童生徒の「思い」の解釈を複数の目で多面的・多角的に捉えていくことが求められる。このような考え方について、一般的にいわゆる「障害が重い」児童生徒には難しいと捉えがちである。しかしながら、自ら動くことやことばによる表出が難しい児童生徒に対してこそ、教える側がもっていなければならない見方・考え方をキャリア発達の視点や主体的・対話的で深い学びの視点は示していると考える。

5．カリキュラム・マネジメントに向けて

　新学習指導要領が示した４つのキーワードのうち、「主体的・対話的で深い学び」は授業改善の視点として示されたことから、比較的教職員の興味・関心の高いテーマと捉えられる。その一方で「カリキュラム・マネジメント」は「難しいこと」「管理職等が中心となり解決するもの」という見方が少なくない。

　学校現場において「主体的・対話的で深い学び」のテーマに基づいて実践研究を進める過程において、「主体的」「対話的」「深い」という３つの視点を踏まえた「授業の見直しと改善」の取組を進めていくと、その実現は単独の授業では難しいことが共通理解され、子どもたち一人一人の必然性を踏まえた「学び」や「育ち」を捉え、各教科の単元等の指導計画の見直しや教科等横断的な視点で「つながり」を見直す必要性が確認されている。このことは「キャリア発達」の視点を踏まえると、より意識されていく。

　言い換えると、学校で行われる各授業において、① 本人にとって社会や将来のどのようなことにつながる「なぜ・なんのため」の学びかを明確にすること（そのための地域リソースの活用等を含む）、② 学んだ結果、本人が「どのようなことができるようになった」か、あるいは「どんなことができるようになりたい」と考えたかを捉え、本人にフィード

バックしたり、授業等の改善に反映したりすること（学習評価）、③ 効果的な学びとなるよう、どの時期にどのような内容をつなぐ必要があるかを見直すこと（単元等の指導内容の配列）、④ ①～③について本人目線で可視化しつないでいくこと（個別の諸計画の活用と本人参画）が大事であることが確認されており、これらの実現のためには組織的で協働的な取組が必要であることが認識されてきている。

　このように見ていくと、上記の①～④は、学習指導要領において解説されている「カリキュラム・マネジメント」の側面と重なっていることが分かる。すなわち、教職員にとってより関心の高い「授業」の改善と充実を突き詰めていくと、結果として「教育課程」の捉え直しにたどり着くと言える。なお、①～④について「教育課程に基づき組織的かつ計画的に各学校の教育活動の質の向上を図る」という視点から有機的に授業をつなぐことや、「社会に開かれた教育課程」の実現に向けて、児童生徒一人一人の「資質・能力」の育成を踏まえた「主体的・対話的で深い学び」の充実を目指すという視点から授業の見直しと改善を図っていくことが必要である。このように新学習指導要領に示された４つのキーワードは相互に関連し、目指す方向は同じものと言える。そしてその根底には「キャリア発達を支援する」という教育改革の理念と方向性（Marland, 1971）があると捉えられる。

　なお、「カリキュラム・マネジメント」は、子どもたち一人一人を大切にした授業の延長線上にある取組であることが理解されていくと、「自分」にとって、そして「自分たち」にとって大切なこととして認識されていく。この「自分たちごと」として捉え、必要性を感じられることがカギとなる。その土台となるものが、それぞれにおいての「キャリア発達」の視点であると考える。

６．組織的取組や連携・協働のための５つの共有

　どの学校組織も年齢や経験、専門性等が多様な教職員で構成されている。それぞれの価値観が一致することもあれば、時として一致しないことや衝突することもあり、組織的取組や連携・協働は、学校現場における喫緊の課題として、そして古くからの課題の１つとして挙げられることが少なくない。筆者はこれまでの各地の学校へのかかわりをとおして、組織的取組や連携・協働を進めるためには、次の「５つの共有」が大切かつ有効であると考えている。

　１つ目は「**目的**」の共有である。子どもたち一人一人を中心に、教職員にとっての「なぜ・なんのため」が明確化された時に、組織は「目的」を共有した「チーム」として機能しはじめる。この出発点の理解と共有が大事である。

　２つ目は「**思い**」の共有である。目的に向かうそれぞれの「思い」は、形は違えどもどれも大切なものである。否定せずに互いを認め合う姿勢や「対話」に努めることが大切であり、相互理解と「思い」の共有が連携・協働の土台になると言えるだろう。この「目的」と「思い」の共有により、単なるグループではなく「チーム」となる。

　３つ目は「**情報**」の共有である。「目的」の実現のために各担当が有する多様な価値あ

る「情報」を共有していくことによって、多面的に課題を捉えることや、解決のためのリソースに気付くことができ、具体的に何をすべきかが見えてくる。

　そして４つ目は「**方法**」の共有である。解決に向けた具体的な「方法」を共有することで、効果的かつ効率的に作業を進めていくことが可能となる。近年は付箋に書き出すなどの「可視化」や「共有」を図り、構造的に整理できるワークショップ型の会議や研修が増え、効果を上げてきている。

　最後の５つ目は「**プロセス（過程）**」の共有である。答えやうまくいく道筋が分かっているのであれば、指示してやってもらえば効率的だと思うかもしれないが、実はここが重要なのである。決定事項を伝達して実行してもらうのではなく、上記のことを共に考え、共に実践していくことによって、それぞれの納得や折り合いといった前向きな妥協にもつながり、協働性や実行性、今後継続の可能性も高まっていくと考える。

　教職員一人一人が「自分たちごと」として捉え、チームとして子どもたちのために諸課題に向き合っていくことによって、お互いの取組の価値を認め合い、様々なアイデアや試行が生まれ、教育活動全体の改善と充実につながっていく。教師が変わり、授業が変わり、学校が変わることが子どもの学びや育ちに影響していき、さらには取組を広く開いていくことによって、教育活動の一層の充実や地域や社会を変えていくことにつながっていくと考える。

　新学習指導要領の実施にあたり、すべての教育活動が児童生徒のキャリア発達に影響を与えているということを念頭におき、児童生徒一人一人と向き合い、児童生徒の「これまで」と「これから」をつなぐ「いま」の充実が求められていることを意識していきたい。教職員がチームとなり、真摯に児童生徒の思いと向き合うことは、きっと教職員自身のキャリア発達に、そして学校や地域の活性化にもつながるはずである。

文献

梶田叡一（2007）教育評価入門．協同出版．
菊地一文（2020）主体的・対話的で深い学びとキャリア発達支援．特別支援教育研究 No.751，東洋館出版社．
菊地一文（2020）内面の育ちへの着目とキャリア発達支援．特別支援教育研究 No.759，東洋館出版社．
菊地一文（2020）カリキュラム・マネジメントとチームづくり．カリキュラム・マネジメントで子どもが変わる！学校が変わる！，広島県立三原特別支援学校編著，ジアース教育新社．
菊地一文（2021）キャリア発達の視点を踏まえた授業改善．実践障害児教育 Vol. 学研みらい
Marland.Jr.S.(1971)Career Education Now. *The bulletin of the National Association of secondary School Principals*, vol.55 issue 355.
文部科学省（2017）特別支援学校小学部・中学部学習指導要領．
文部科学省（2019）特別支援学校高等部学習指導要領．

社会の中で役割を果たし、自分らしく生きるために

千葉県立障害者高等技術専門校　主査（現　千葉県教育庁教育振興部教職員課　管理主事）髙瀬　浩司

1．ライフキャリアの視点を踏まえて

　1999（平成11）年12月の中央教育審議会答申「初等中等教育と高等教育との接続の改善について」において、初めてキャリア教育というキーワードが登場し、その必要性が提唱されてから約20年が経過した。当時の同答申では、学校教育と職業生活との接続における課題について、次のように述べている。

　「新規学卒者のフリーター志向が広がり、高等学校卒業者では、進学も就職もしていないことが明らかな者の占める割合が約9％に達し、また、新規学卒者の就職後3年以内の離職も、労働省の調査によれば、新規高卒者で約47％、新規大卒者で約32％に達している。こうした現象は、経済的な状況や労働市場の変化なども深く関係するため、どう評価するかは難しい問題であるが、学校教育と職業生活との接続に課題があることも確かである。」

　また、その課題における具体的方策として、小学校段階から発達段階に応じた、キャリア教育を行う必要性があるとし、さらに家庭・地域と連携した体験的な学習や在学中のインターンシップの促進等による体験的活動が重視された。つまり、若者のフリーター志向や早期における離職等を課題として挙げ、キャリア教育の必要性を提唱したことに始まる。

　一方では、キャリア教育の解釈や定義においては、これまで様々な変遷が見られる。当初、同答申では、キャリア教育を「望ましい職業観・勤労観及び職業に関する知識や技能を身に付けさせるとともに、自己の個性を理解し、主体的に進路を選択する能力・態度を育てる教育」とされた。2004（平成16）年の文部科学省「キャリア教育の推進に関する総合的調査研究協力者会議」報告書では、「児童生徒一人一人のキャリア発達を支援し、それぞれにふさわしいキャリアを形成していくために必要な意欲・態度や能力を育てる教育」がキャリア教育と捉え、端的には、「児童生徒一人一人の勤労観、職業観を育てる教育」とされた。いずれにおいても、キャリア教育を進路選択や職業教育に限定されたものとして理解され、職場体験のみでキャリア教育を行ったとしたり、狭義の進路指導に限定した教育に偏っていたり、さらには小学校や特別支援学校小学部では必要性がないなどといった誤った解釈がなされることもあった。

　その後、2011（平成23）年に中央教育審議会が答申した「今後の学校におけるキャリア教育・職業教育の在り方について」と、キャリア教育における外部人材活用等に関する調査研究協力者会議報告書「学校が社会と協働して一日も早くすべての児童生徒に充実したキャリア教育を行うために」におけるキャリア教育の定義を正しく理解したい。同答申及び報告書では、キャリア教育について次のように定義している。

> 「一人一人の社会的・職業的自立に向け、必要な基盤となる能力や態度を育てることを通して、キャリア発達を促す教育」
>
> （中央教育審議会答申:2011）
>
> 「子どもたちが、社会の一員としての役割を果たすとともに、それぞれの個性、持ち味を最大限発揮しながら、自立して生きていくために必要な能力や態度を育てる教育」
>
> （キャリア教育における外部人材活用等に関する調査研究協力者会議報告書:2011）

また、キャリア発達についても、下記のように定義されている。

> 「社会の中で自分の役割を果たしながら、自分らしい生き方を実現していく過程」
>
> （中央教育審議会答申:2011）

キャリア発達支援を進めていく上で重要なことは、キャリア教育の定義を正しく理解し、学校が目指す方向性を校内における教職員全員で再確認することである。上記の定義からも分かるように、職業教育や進路指導に関する理解や就労に向けて必要な資質・能力を目的としたキャリアに限定することなく、社会の中で役割を果たし、自分らしく生きるためのキャリア

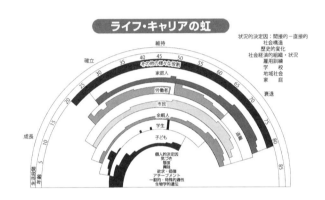

図1　ライフ・キャリアの虹
出典:「中学校・高等学校進路指導資料第1分冊」文部省（1992）

を支えることが、キャリア教育の本質なのである。

　ライフキャリアの理解を深める際に、1950年代にドナルド・E・スーパーが提唱した理論的アプローチ「ライフキャリア・レインボー」（図1）を欠かすことができない。この理論的アプローチでは、キャリア＝職業とは考えず、キャリアを人生のある年齢や場面のさまざまな役割の組み合わせと定義された。人生全般にわたり、社会や家庭でさまざまな役割の経験を積み重ねて、自身のキャリアが形成されるとする概念である。つまり、キャリア発達とは、生涯のライフステージ全般にわたるものなのである。

　特別支援学校等における教育においても、キャリア教育＝高等部という認識ではなく、小学部段階からのキャリア発達支援の視点を大切にした授業づくりを進めていきたい。「出口」を意識した進路指導や職業教育にとどまることなく、生涯のキャリア形成に向けた「入口」からの発達支援、社会の中で役割を果たし、自分らしく生きるための基礎づくりを丁寧に支えていくことが、今の私たちに求められていることである。

2．知的障害教育における子ども主体の授業づくりとキャリア発達支援

　前項でも述べたように、当初から学校教育と職業生活との接続における通常の学校の生

徒の課題として認識され、キャリア教育が重要視されてきた。しかし、一方では特別支援教育における理念とキャリア教育における理念とには、非常に高い親和性があると考えられる。いずれにおいても、児童生徒の個性を大切にしながら、社会的・職業的自立を目的としている点において限りなく共通しているためである。

　これまでの知的障害教育では、1963（昭和38）年に初めての養護学校学習指導要領が制定されてから、各教科や各教科等を合わせた指導において、一貫して実際の生活に関連した、生活に生かすことのできる教育を目指している。学習指導要領解説においても、生活単元学習は次のように定義される。「生活単元学習は、生徒が生活上の目標を達成したり、課題を解決したりするために、一連の活動を組織的に経験することによって、自立的な生活に必要な事柄を実際的・総合的に学習するものである。」（文部科学省，2018）つまり知的障害教育を本質的に追求していくことは、子ども主体の授業づくりとキャリア発達支援の視点の両者を兼ね備えた取組になり得る可能性が非常に高い。

　特別支援学校におけるキャリア発達支援においてまず必要なことは、これまでの知的障害教育で大切にされてきた子ども主体の授業づくりを徹底することである。子ども主体の授業には、必ずと言っていいほど、児童生徒が自分なりの目標やテーマをもち、その活動にやりがいや手応えを感じながら、自分から自分で取り組む姿が存在する。児童生徒が活動そのものに対する価値や意義を、確実に見出しているからである。子ども主体の授業をつくりあげることは、いわば児童生徒のキャリア発達を支えるためのベースづくりなのである。

　また、子ども主体の授業づくりに加えて、キャリア発達支援の視点で授業を見直し、手立てを講じていくことが必要になる。当校では、キャリア発達を支える手立てについて、①単元計画の工夫、②人的環境、③物的環境、④本人にとってわかりやすい評価、⑤言葉かけ（対話）、⑥思考できる場面設定（振り返り）、⑦一貫性のある指導の7つの観点を設定し、児童生徒が主体的に課題解決や自己実現を図ることを徹底してきた。当校の研究実践の成果は、キャリア発達支援の方向性を示し、校内で一貫した共通言語で手立てを講じることにより、児童生徒のキャリア発達の姿と手立ての評価を教師間で共有できるようになったことである。キャリア教育では、教育活動全体を通じて行うとされている指導場面の曖昧さや各教科等のように目標・内容が明示されていないことなどにより、学校のキャリア教育の方針や共通理解、その方法によって、児童生徒のキャリア形成が左右される。多くの児童生徒が社会の中で役割を果たしながら、自分らしく豊かに生きるために、当校の実践が、多くの特別支援学校のキャリア発達支援の在り方の一助になることを願う。

3. 地域資源を活用したキャリア発達支援

　新学習指導要領のキーワードに「社会に開かれた教育課程」が示され、地域と共にキャリア発達を支援する教育の充実や環境整備が重要視されている。つまり、社会に開かれた「学校」としての機能（ハード）だけではなく、「教育課程」（ソフト）の重要性が示されている。社会における意図的かつ組織的・体系的な営みを教育課程が担うことをとおして、

子どもたちの育成と教育に加えて地域づくりも行っていくということである。教育課程を社会に広くオープンにしていくことにより、地域社会と学校が理念を共有しながら、社会生活の中での役割をお互いが担い、豊かに生きる子どもたちの育成を図っていくシステムづくりを目指したい。

　そのためには、これまでの先人の実践や成果をベースに、①児童生徒の生活に本当に必要な教育内容を選定し、計画・実践すること、②個々の授業レベルではなく、教育課程全体をとおして対応をすること、③本当の意味で「社会に開かれた」教育実践を展開していくこと、④学校と地域社会とが有機的な連携・協働をすること（地域社会としての役割）、⑤職場体験やインターンシップ等でこれまで培ってきたプロセスや手立てを生かすことなどの視点が必要であると考えられる。

　当校においては、「地域協働」をキャリア発達支援のキーワードに掲げ、まさに児童生徒の教育実践そのものを地域と共に協働していくことに邁進してきた。中学部の総合的な学習の時間における「いすみクリーン作戦」の実践では、「学校周辺の地域をきれいにしたい」という生徒のニーズを基に、地域の清掃活動からスタートした。当初は地域の認知度の低さから、活動の認知度を高めるために広報活動を充実させてきた。地域への認知が進むにつれ、いすみ市における「菜の花プロジェクト」への参加にまで単元活動が発展する。さらに、作業学習で培った知識や技能を生かして、プランターカバーと花苗を製作・育成し、学校としてプロジェクトに参画していくことにつながる。特定の教科や領域にとどまらず、他の教育活動との関連性も高まっていった。高等部の作業学習では、陶芸体験会での来場者に上手く対応ができなかった陶芸班の生徒が、生徒自身の学びの PDCA サイクルにより、課題の認識や改善を図りながら、公開研究会の来場者に自信をもって説明し対応できるようになっていく。いずれにおいても校内では実感することが少なかった社会生活における課題や目標を児童生徒自らが授業を通じて実体験し、主体的に解決していくことにより、自己肯定感や自己効力感を実感していく。適切で有機的な地域資源の活用により、これまでの教育活動が無限の可能性を秘めていることが再認識できる。

　一方で留意したい点は、地域資源の活用や地域協働という言葉のニュアンスからくる表面上の連携や関わりに終始しないということである。「社会に開かれた教育課程」と言われるように、学校が育てたい児童生徒像や活動のねらい、そのためのプロセスや手立て、評価などを地域にオープンにし、共有していくことを大切にしたい。子どもたちのキャリア発達を共に支えるパートナーとしての関係性を構築していくことが、地域資源の活用には欠かせないのである。

　また、校外の資源だけでなく、校内における資源にも改めて着目したい。当校においても、小学部から高等部までの児童生徒、教職員、保護者など、様々なライフステージの人材が在籍しており、これも一つの身近な地域資源・人材資源と捉えていく。学部ごとの取組から、単元によっては学部を超えた取組に発展させることにより、新たな活動の意義付けや価値付けが可能になる。学部内の保護者や教職員だけでなく、学校全体における多くの保護者や教職員の活用により、学校としての一貫したキャリア発達支援を期待できる。

当校では、教職員が学部を超えて、他学部の取組に関わることにより、他学部における活動の意義や目的、キャリア発達支援の視点の在り方を共通理解するようにしてきた。

　私たちの学校の身近には、ハード・ソフトを含め様々な資源が存在している。こうした資源を有機的に活用し、パートナーシップを確かなものにしていくことで、児童生徒の豊かなキャリア発達を支える授業づくりを目指したい。

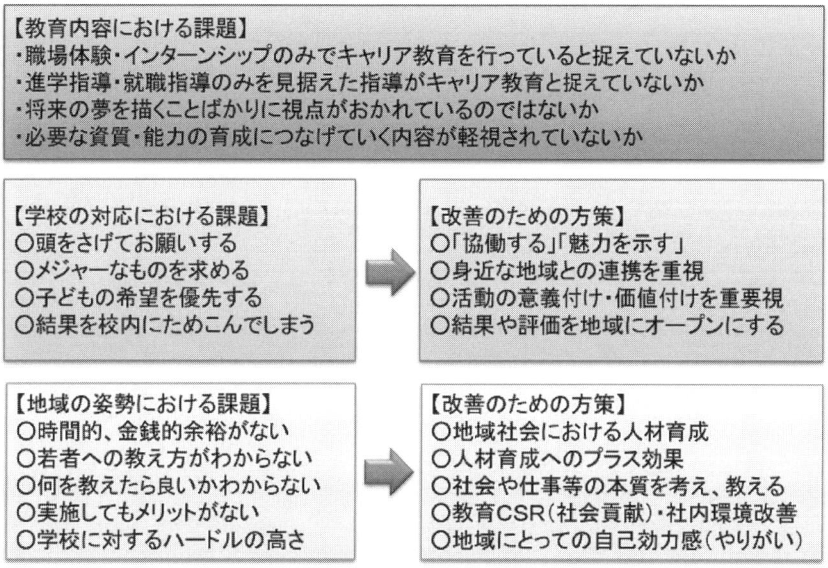

【教育内容における課題】
・職場体験・インターンシップのみでキャリア教育を行っていると捉えていないか
・進学指導・就職指導のみを見据えた指導がキャリア教育と捉えていないか
・将来の夢を描くことばかりに視点がおかれているのではないか
・必要な資質・能力の育成につなげていく内容が軽視されていないか

【学校の対応における課題】
○頭をさげてお願いする
○メジャーなものを求める
○子どもの希望を優先する
○結果を校内にためこんでしまう

【改善のための方策】
○「協働する」「魅力を示す」
○身近な地域との連携を重視
○活動の意義付け・価値付けを重要視
○結果や評価を地域にオープンにする

【地域の姿勢における課題】
○時間的、金銭的余裕がない
○若者への教え方がわからない
○何を教えたら良いかわからない
○実施してもメリットがない
○学校に対するハードルの高さ

【改善のための方策】
○地域社会における人材育成
○人材育成へのプラス効果
○社会や仕事等の本質を考え、教える
○教育CSR（社会貢献）・社内環境改善
○地域にとっての自己効力感（やりがい）

図2　キャリア教育における地域との協働に関する課題

4．社会生活における自分自身の役割と価値付け〜児童生徒の自己効力感を育んで

　筆者が特別支援学校の進路指導主事を担っていた当時、某特例子会社の人事管理担当者と次のような会話をしたことがある。障害のある従業員にアンケートを調査を行い、「仕事をしていて一番嬉しかったことは？」という問いに対して一番多かった回答は、「先輩社員やお客様にありがとうと言われた時」であったとのこと。また、某事業所に卒業生の支援に訪問した際に、ぎっしりと書かれた卒業生の手帳を目にした。書かれていた内容は、毎日の反省と指導された内容、そして次の日への目標であった。本人からのヒアリングによると、お客様に喜んでもらえるように、大切なことをメモしているとのことであった。上記のエピソードから分かることは、いずれにおいても、自分の役割を認識し、そこに働く価値を見出し、自己効力感を感じながら自分らしく生き生きと働く姿があるということである。

　これまでの特別支援学校における進路指導では、どちらかというと教師主導の生徒の職務上のマッチングを優先した指導中心であった過去がある。生徒のジョブマッチングを優先させることにより、やりがいや働きがいといった生徒の本質的な思いの部分がないがしろにされることもあった。これらの要因としては、次のような環境的要素があると考えられる。

- 人間関係や労働意欲、勤務態度などを要因とする早期離職問題
- 企業で必要とされる能力やスキルの重視（作業スキル・報連相（ほうれんそう）・コミュニケーション能力）
- 就職率を求められる進路指導、就職支援
- 高等部教育における職業訓練化、ワークキャリア重視の傾向

　筆者が、これまで進路指導の際に重要視してきた事は、生徒達が何のために、何を目的に働くかという意義付けや価値付けを主体的にできるような、下記のような環境づくりであった。

- 授業や活動、進路選択における価値付けや意義付けを大切にすること
- 働く事の価値や意義を一緒に探していくキャリアカウンセリングによる支援
- 生き生きと働き続けるための自己選択・決定による産業現場等における実習
- 私たちの使命は企業に求められる職業的スキルの習得ではなく、ライフキャリアを踏まえたキャリア教育であるということ

　児童生徒が卒業後の社会生活において、自分の人生を自分らしく生きるためには、自分の役割や価値を認識・理解することが必要不可欠である。卒業後の進路指導や就職支援の取組に関わらず、日々の学校生活や授業、日常生活を含めた生活全体を通じて、主体的に自分の役割や価値を考え、見出せる環境づくりを大切にしたい。そしてさらには、自分の役割や価値が社会において有用であるという自己効力感を、教育活動全体を通じて実感できる取組を積み重ねていきたい。

　児童生徒一人一人の発達段階に合わせたキャリア発達支援では、社会との関わりを広げ、深めながら自己効力感が形成されていくことを願っている。小学部段階では親や家庭、校内を中心とした関わりから自己有用感を、中学部段階では、友達や校内、身近な地域との関わりから自己肯定感を、高等部段階では、地域社会や事業所内などにおける関わりから自己効力感を育むことができる授業づくりをこれからも期待したい。

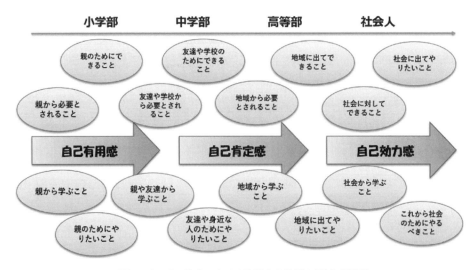

図3　キャリア教育における地域との協働に関する課題

社会的・職業的自立に向けた支援の充実

社会福祉法人佑啓会ふる里学舎地域生活支援センター長　松橋　達也

　私が知的障害者福祉の世界に飛び込んだ1991（平成3）年、福祉施策は措置制度に基づいて展開され、知的障害者福祉は指導・訓練をすることにより更生・社会復帰させるとの考えが主流であった。また、養護学校（現在の特別支援学校）卒業時における進路先は現在のように選択できる状況にはなく、主に入所施設がその中心的役割を担っていた。当然、一般企業等で雇用され労働者として働く知的障害者は平成3年統計ではわずか1,400人であった。

　それからおよそ30年後の現在、各種法整備及び社会構造の変化等により状況は著しく変わった。指導・訓練から援助・支援へ。そして更生・社会復帰から支え合い・共生へ。特別支援学校卒業後の進路先についても、多様な選択肢が存在するようになった。また、一般企業等で働く知的障害者は令和元年の統計で128,000人と約10倍にまで伸びている。

　これらの変化に伴い、人生そのものの可能性、選択肢は大きく広がったといっても過言ではない。ただし、それは成長の段階に応じた適切な教育・療育を受けることが大前提であって、不適切な環境のもと年齢を重ねてしまった結果、残念ながらこの可能性と選択肢が極端に狭まってしまったという事例を多く見てきた。

　障害があっても生き生きと自分らしく、主体的に人生を送るために何が必要なのか。特に幼少期から学齢期における適切な教育・療育環境とはどのような環境かについて触れながら、障害児者の社会的・職業的自立に向けた支援の充実について考察したい。

1．社会的・職業的自立とは

　社会的・職業的自立とは何をもって自立というのか。まずはこのことについて触れておきたい。

　国語辞典には「自立」＝「他の助けや支配なしに自分一人の力だけで物事を行うこと。ひとりだち。独立。」と書かれている。しかし、人は誰しも、誰かに見守られ、助けられ、支えられ生きている。ましてや障害と向き合いながら生きていく以上、誰かに見守られサポートを受けながら生活していくことはごく自然なことと考える。

　よって、ここでは自立を辞書の意味通り用いることとはせず、「自立」＝「時には誰かのサポートを受けながら、時には福祉サービス等の社会資源を使いつつ、自らを取り巻く様々な資源・支援の選択肢の中から、必要と思うことを選び取れる力をもち合わせていること」そして、「たとえうまくいかないことがあっても、失敗しても、そこから何かを学び取り、前向きに生きる力をもち合わせていること」としたい。

　上述をベースに「社会的自立」について考えてみる。一番大切な要素は、家庭の中で、地域の中で、企業の中で、福祉事業所の中で、大切な一員として存在していること。そし

て、その中において何かの役割を担い、人のために役に立っていること。この２点をもって社会的に自立している状態にあるという捉え方をしたい。

　続いて、「職業的自立」はどうか。こちらは自ら、誰かのために役に立ちたいという意志をもつこと。そして、主体的に働き、働くことに自分なりの価値を見出すことができること。この２点をもって職業的に自立している状態にあると捉えたい。

　要は、障害が軽かろうが重かろうが、企業に勤めていようが福祉施設で支援を受けていようが、社会的自立、職業的自立は達成できるという考え方であり、一般就労して、経済的にも精神的にも自立した状態をいうのではないということを述べておきたい。

２．障害児者を取り巻く環境の変化と支援ネットワーク

　特別支援教育を取り巻く環境に大きな変化が見られているのと同様、児童生徒の卒業後の暮らしを取り巻く環境もこの10数年で大きく変化した。特に大きな点として以下の３点が挙げられる。

　１点目は、社会そのものの変化である。平成初頭に一般化したノーマライゼーションの思想を踏まえ、現在ではこの流れが深化した形で「地域共生社会」という概念が誕生した。これにより、障害者が地域で普通に暮らすことにとどまらず、その能力や適性、置かれた環境のもと「自分らしく活躍する社会」を構築していこうという波が押し寄せている。

　２点目は、地域共生社会の思想がいよいよ現実的になりつつあると実感できる企業等で働く障害者の増加である。障害者雇用促進法の改正による効果によるものが大きいと推察されるが、現在では障害者差別禁止法の制定や合理的配慮提供義務の徹底などが周知され、「職場定着」と「雇用の質」が問われ始めている。

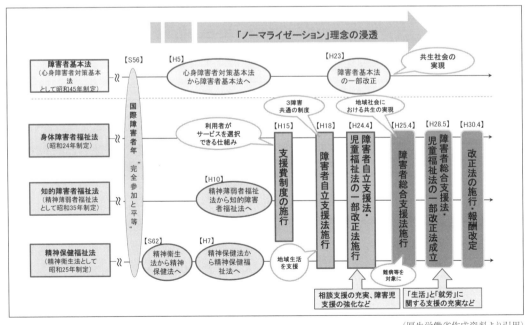

（厚生労働省作成資料より引用）

図１　障害福祉施設の歴史

22

　そして３点目は、障害があってもその人らしく生きていくための支援、福祉サービスの充実である。特に障害福祉サービスにおいては、平成15年の支援費制度制定を皮切りに、措置制度から契約制度に転換が図られ、2006（平成18）年には、障害者自立支援法が施行された。以後、幾度となく改正を重ね、現在、障害者総合支援法として一つの形が確立されつつある。

　これら法制度改正に伴い規制緩和も進み、多様な事業体が福祉サービスの提供主体となった。その結果、未だ選択肢が乏しい地域が存在し、医療的ケアや重複障害、行動障害を有する方々の進路先が不足傾向にあることは否定できないものの、特に日中サービスにおいては、利用を希望する側が選択できる環境が整いつつある。約20年前まで続いた養護学校（現在の特別支援学校）卒業時に、適切な進路先が確保できず、在宅生活を余儀なくされていた時代とは大きく状況を異にしている。

　上述した大きな変化に追従する形で、各地域においてネットワークの構築が進み、点から面で支える環境が整いつつある。更には、教育・医療・福祉・労働等のそれぞれの分野のネットワークが、当事者を中心としてつながる立体的なネットワークも誕生しつつある。

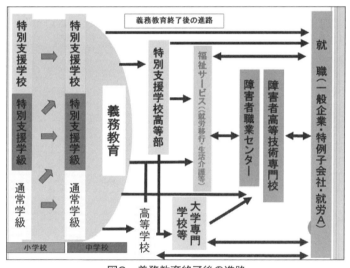

図2　義務教育終了後の進路

　この、本人を中心とした分野横断型のネットワークの構築こそが、地域共生社会の具現化には必要不可欠であると同時に、社会的・職業的自立に向けた支援の充実に必要な要素であると考える。

図3　本人を中心とした分野横断型の
ネットワーク

３．今、改めて生徒本人中心主義を訴える

　自己決定・自己選択という言葉がもてはやされた時期があるが、いつも違和感を覚えていた。自己決定・自己選択を苦手としているのが知的障害者である。誰かが本人の状況を総合的に勘案した上で、代弁していかなければならないだろうと考えていた。

　障害があるがゆえに、特に知的障害がある場合には、自らの意思を示すことそのものを苦手としている方が多い。そのために、ともすれば本人を取り巻く周囲の人々が先回りしすぎて、思い込みで彼らの意思を決めてしまいがちである。そのような状況下においては良かれと思い本人を導いたとしても、実は本人の意思に反していたという事態も生じてしまう。そのような事態を極力防ぎ、本人の意思に基づく人生を歩んでいただくためにどのような点に留意すればよいだろうか。

　2017（平成29）年３月「障害福祉サービスの利用等にあたっての意思決定支援ガイドライン」が厚生労働省より示された。その目的は、日常生活や社会生活等において障害者の意思が適切に反映された生活が送れるようにするためにある。

　ガイドラインには意思決定の定義として、次のように記載されている。

　「意思決定支援とは、自ら意思を決定することに困難を抱える障害者が、日常生活や社会生活に関して自らの意思が反映された生活を送ることができるように、可能な限り本人が自ら意思決定できるよう支援し、本人の意思の確認や意思及び選好を推定し、支援を尽くしても本人の意思及び選好の推定が困難な場合には、最後の手段として本人の最善の利益を検討するために事業者の職員が行う支援の行為及び仕組みをいう。」

　特別支援学校卒業後、社会に出てからの彼らの歩む時間は長い。その長い歩みは本人の主体的な意思に基づき歩む必要がある。私たちはそのことを常に念頭に置き、彼らの教育・支援をしていかねばならない。これは教育者・支援者として肝に銘じなければならない大切なことであろう。

　そのため、私は生徒本人や保護者・教職員対象の研修会などにおいて、事あるごとに下図を用いてご本人を真ん中にした、本人中心の視点を訴えてきた。

　左図においては、保護者が本来主役であるべき本人の口を塞ぎ、先生が左目をすべて遮り、支援者が右目の半分を遮り、企業が耳を塞いでしまっている。この状況では本人の主

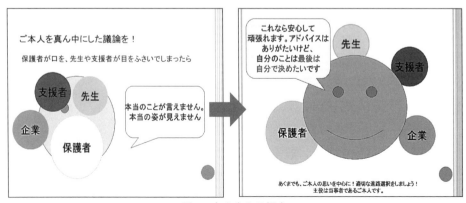

図4　本人中心の視点

体的な意思など示しようもなく、ましてや自己決定・自己選択する際に必要な情報すら得られない。

　以下は私が支援で関わることになった、ある生徒の実際の話である。

　高等部から特別支援学校に入学しもともと清掃業務に興味があった生徒は、在学中から様々な作業経験を通じて職業的自立を目指してきた。中でも、清掃に自信とやりがいを感じ卒業後は出来れば掃除をメインとした仕事に就きたいと考えるようになった。担任の教諭も進路担当職員も本人の熱意と適性を評価し、清掃業をメインとする地元の中小企業での実習を勧めた。しかし、「あの子がなぜそのような汚い仕事をしなければならないのか。ましてや中小企業への就労などありえない」と母親が反対した。そんな母親を何とか説得し、実習にこぎつけた。前期・後期と実習を重ねた結果、本人の働きぶりや人柄を社長はじめ従業員が高く評価し、ぜひ雇用したいという話になった。本人はとても喜び「ぜひこの会社に就職したい」と言った。

　担任も進路担当も、待遇面や社の業績から安定した雇用が見込まれると判断し、進路面談の際に本人の気持ちと会社の評価、雇用の意思があることを母親に伝えた。しかし、母親は猛反対した。以後、本人の気持ちを最優先にと担任中心に母親に働きかけたがとうとう賛同は得られず、その会社での就職を断念せざるを得なかった。

　大変残念なことであるが、実は、この類の話を方々で耳にすることが多くなった。

　一方、前ページ右図はというと本人を中心に保護者・先生などがチームを組み、しっかりと下支えしている。この状態であれば本人が主役であり、本人の主体的な意思表示がしやすい。先にも述べたが、卒業後の進路先は多岐にわたる。それらの進路先から自らの主体的意思に基づき自らの歩む道を選択できる環境をいかに作り上げるか、本人の自己選択が可能となるよう、多くの経験・体験を積み重ねるとともに、本人を真ん中にしたネットワーク（＝応援団）をしっかりと築き上げ、様々な角度からの目を入れることが大きなポイントとなると確信している。

　この応援団の結成が早ければ早いほど、多ければ多いほど本人にとってプラスの要素として作用する場面を目の当たりにしてきた。よって、保護者・教員が生徒本人を真ん中にした上で同じ方向を向き、特別支援学校に在籍している間に、できる限りこの応援団の結集を進めていただきたいと思う。

4．正しい情報提供こそ適切な進路選択、卒業後の豊かな暮らしの第一歩

　卒業後の進路先について、ある程度選択できる下地が整いつつあることはすでに述べたが、例えば同じ生活介護事業所であっても、実際に提供するサービスは事業所によっ

て内容も活動時間も相違がある。また、就労移行支援事業所においても移行率や支援内容に相違がある。よって、生徒本人もしくは保護者がより適切な進路選択をするためには客観的で正しい情報が重要になってくる。この、客観的で正しい情報をいかに生徒・保護者に提供できるか、適切な進路指導を実施していく上で重要なポイントとなる。裏を返せば、学校側の力量が問われることになる訳であり、教職員一人一人が地域の社会資源に目を向ける必要性が今まで以上に増しているということになる。

　地域の社会資源の客観的で正しい情報を得るためには、待ちの姿勢では思うような情報を得られない。従って、生徒や教職員が地域に飛び込み、実際の交流を通じて得ていく姿勢が必要になる。昨今、地域に目を向け、地域との協働により教育活動に取り組む学校が増加していることは承知しているが、要は、教育サイドからより積極的に地域に対してアクションを起こしていくことが重要だということである。

　特に卒業後の福祉サービス等をコーディネートする相談支援事業所、就労する生徒の定着支援等を担う障害者就業・生活支援センターをはじめとした就労支援機関とのつながりは重要になる。

　しかし、相談支援事業所はその担い手が不足傾向にあり、新規でサービス等利用計画書の作成を依頼してもなかなか引き受けてもらえない地域も存在する等の課題に加え、相談支援専門員といわれるサービス等利用計画書を作成する専門職の力量差、事業所間格差なども生じている。このような状況下だからこそ、また、地域の社会資源の底上げを図る視点からも教育サイドからの積極的アプローチが必要と考える。

５．特別支援教育に携わる皆様へ

　私は日頃より、主に就労支援の立場で特別支援学校の教職員とは様々な場面で情報交換し、密に連携させていただいている。10数年前から就労支援に携わっているが、当時は教育と福祉の連携が希薄で、卒業時の引継ぎはほとんどされていない状況であった。よって、卒業後数年した後に生活環境が激変し、どうにもならない複雑な状況に陥ってようやく市役所のケースワーカー等を通じて私たち支援機関に相談が入ることが多かった。当然、この時点において本人を取り巻く環境も、本人自体もかなりシビアな状況に陥ってしまっていることが多い。特に、自信を失い、またバランスを崩してしまったメンタル面の立て直しにはより多くの時間が必要となる。

　卒業後、それぞれの場所で、生き生きと自分らしく生活できるよう、「心と身体の体力」そして「心身の健康」を育み、必要な福祉・医療・保健・労働等の関係機関につなぐ大変な重責を担ってくださっていることに敬意を表したい。

　心身ともに著しい成長を遂げる学齢期。成長に喜びを感じることも多いと思うが、一方ではそれ以上にご苦労も多いと思う。すべては児童生徒の輝かしい未来につながっているという意識をもち、日々の教育活動に励んでいただけたらありがたい。

第2部

実　践

第1章

教員のキャリア発達と組織づくり
－「なぜ・なんのために」を共有し教員がつながる－

第2章

「キャリア発達を支援する」授業づくりの実際
－小中高等部の「学び」をつなぐ－

教員のキャリア発達と組織づくり
－「なぜ・なんのために」を共有し教員がつながる－

1 これまでの研修とこれからの研修

　本研究をスタートした当初は「キャリア教育」という言葉や「研究」に対する教職員の抵抗感が少なからずみられ、課題が多かった。「特別支援教育では今までやってきたこと。今更何を研究するのか」「何をやっているか分からない」といった声も聞かれ、「研究部だけの研究にならないようにしたい」という思いはあったものの、学校全体で共通理解を図りながら研究を進めることの難しさを感じていた。また、協議を行ってもなかなか意見が出されず、時間だけが過ぎていくという悩ましい状況であった。

1．1年次の実践

　1年次は、キャリア教育に関する知識がある教員が少なかったため、まずは理解を図るための研修会を実施した。また、文部科学省から「小学部、中学部、高等部（以下「小中高」とする）の連続性のあるキャリア教育」の実践研究が求められていたため、小中高の教員で構成されている校務分掌組織を活用し、学習指導部会及び教科部会ごとにキャリア教育の視点で学習活動を考えることとした。

　教員数が60名程度の小規模校で、互いの顔と名前が分かる関係性でありながら、これまでなかなか学部を越えて小中高の教員が集まって話をする機会が少なかったため、後述する校務分掌会議を活用してそれぞれの立場から意見を出し合ったことが、組織的にキャリア教育について考えるとても良い機会となった。

　教員の意識の変化をみると、校務分掌会議や研修会を重ねた結果、最初はキャリア教育は「職業教育、スキルを身に付ける」という意識だったが、「キャリア発達を支援する教育」という子どもたちの思いに着目しようとする意識の変化が見られた。

2．2、3年次の実践

　研究を進めるに当たっては、研究部から内容を提示するだけでなく、研修会を実施し教員同士で「キャリア発達の捉え」や「小中高の系統性」について考え、共通理解を図った。また、小中高の系統性のある取組を進めるためには、他学部の様子を知ることや、何を大切にして指導・支援に当たっているのかを知ることが必要と考え、授業研究会の協議やその他の研修会など、全て学部縦割りグループで実施した。さらに、指導経験のない他学部で一日研修を行う「他学部体験研修」や「各学部段階で大切にしたいキーワード」を考える研修会を実施した。それぞれの詳細については本章にある「他学部体験研修の実施」「各学部で大切にしたいキーワードの検討」を参照していただきたい。

　ここでは、研究の節目となった「キャリア発達について考える」研修と児童生徒が「キャリア発達するための手立ての観点」、学部縦割りによる協議について紹介する。

（1）研修「キャリア発達について考える」

①実施に至る経緯

　研修では、最初にキャリア教育とキャリア発達の定義を改めて確認した。

> **＜キャリア教育＞**
> 　一人一人の社会的・職業的自立に向け、必要な基盤となる能力や態度を育てることを通して、キャリア発達を促す教育

> **＜キャリア発達＞**
> 　社会の中で自分の役割を果たしながら、自分らしい生き方を実現していく過程

　　　　　　　　　※ 2011（H23.1）中央教育審議会「今後のキャリア教育・職業教育の在り方について（答申）」

　上記定義の確認と講師の菊地先生の講話を受け、本校では児童生徒のキャリア発達する姿を①「活動への意味付け・価値付けができた姿」、②「行動だけでなく内面の動きが変化した様子」、③「児童生徒の発言や行動に秘められた思い」と仮定し、研究を進めた。
　2018（平成30）年度1回目となる校内授業研究会（6月）では、以下3つの観点に沿ってグループ協議を行った。

> ①「なぜ・なんのために」「何を」「どのように」が明確であったか。
> ②どんなキャリア発達する姿が見られ、有効な支援は何であったか。
> ③こんな支援があれば、キャリア発達する姿を引き出せたのではないか。

　協議では、観点①に関しての意見がたくさん出され、充実した協議となったが、一方で、観点②③に関しては、「キャリア発達の理解度に差が出た」「具体的なイメージをもてないことから活発な意見交換ができなかった」という意見が挙げられた。また、菊地先生からも「まずは自分自身（教員）のキャリア発達や身近な児童生徒のキャリア発達について思いつくままに話し合い、『キャリア発達』の具体的なイメージや定義を共有できる研修を実施してはどうか」とご助言いただいた。以上のことから、キャリア発達の姿を明らかにするために学び合う研修を実施し、教員間で具体的な姿について話し合い、キャリア発達のイメージを明確にすることとした。

②研修の概要

　参加は希望制とし、6つのグループに分かれて実施した。グループは6〜7名で、基本的には同学部の構成とすることで、児童生徒の実際の姿を思い浮かべながら協議できるようにした。また、研究に関する研修会となると堅いイメージが先行し、話しにくい雰囲気

ア 「キャリア発達」の定義の確認
　・中教審答申 (2011) によるキャリア発達の定義
　・本校としての捉え
イ グループワーク「キャリア発達だと思うエピソードについて話し合う」
　・自分 (教員) がキャリア発達したと思うエピソード
　・児童生徒がキャリア発達したと思うエピソード
ウ 全体共有
　・6グループそれぞれで出されたエピソードを全体の場で共有する。

になってしまう懸念があったため、ドリンクフリーと
し、座談会のように自由に話せる計画とした。研修の
進め方は、次の通りである。

　グループワークでは、初めに教員のキャリア発達を
テーマとしたが、自分自身のことは比較的考えやすかっ
たようで、多くのエピソードが出された。いくつかの
エピソードが出ると、「この姿もキャリア発達ではない
か」「同じグループの同僚のこんな姿もキャリア発達ではないか」とグループ内で活発な
意見交換が見られた。多くのエピソードを出し合うことで、共通点や類似点が浮き彫りと
なり、キャリア発達の捉えが少しずつ明確となった。

　次に、児童生徒のキャリア発達の姿についてエピソードを出し合ったが、先のワークで
キャリア発達の捉えが明確になり、グループ内で話しやすい雰囲気ができていたことか
ら、さらに多くのエピソードが挙げられた。1つのエピソードの前後や関連する児童生徒
のキャリア発達の姿を見つけ出して補足するなど、グループ内の協議が充実した。

　年度当初と本研修開始時に改めてキャリア発達の定義について確認したが、「何となく
は分かるが自分の中で理解しきれない」「定義が大きすぎて分かりにくい」といった感想
が多く聞かれていた。本研修終了後には、「実際に具体的に考えたり話し合ったりするこ
とで、分かりやすくなった」「キャリア発達という言葉に対しての抵抗がなくなってきた」
「『キャリア教育の定義』を踏まえて実践を振り返るとキャリア発達が腑に落ちた」「キャ
リア発達するためには、人との関わりや環境が大きく関係していると思った」といった感
想が聞かれ、キャリア発達についての理解を深められた研修となった。

　本研修では、教員及び児童生徒の実際の姿から「キャリア発達とは何か」を考えること
で、キャリア発達の捉え方を共有することができた。また、本校としてのキャリア発達の
定義「できた・できないだけではない、向き合い方の変化」を確立することができた。以後、
この定義を中心に研究や実践を進めることとなり、「節目」となる研修となった。

（2）キャリア発達するための手立ての観点

　前述した（1）の研修で出し合ったエピソードを集計・分類し、「なぜこの姿を引き出すことができたのか」という視点で検証し、キャリア発達につながった手立ての観点を明らかにした。それらを図1に示す「キャリア発達するための手立ての観点」としてまとめ、学習指導案に記載して授業を整理したり、実践後の振り返りシートの項目にして改善に生かしたりするなど、授業づくりに活用した。また、授業研究会では、協議で出された意見を整理・分類するための観点としても活用した。

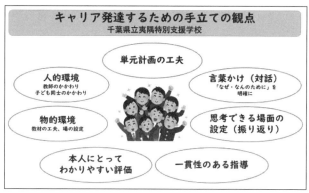

図1　キャリア発達するための手立ての観点

（3）学部縦割りによる協議の充実

　授業研究会や研修会等において、協議の際にはグループを学部縦割りで編成し実施した。回数を重ねることにより、他学部の教員との意見交換にも抵抗感がなくなり、活発に意見交換する様子が見られた。また、ＫＪ法®を用いた協議の進め方についての研修を実施したことにより、意見を出し合うだけでなく、決められた時間の中で、意見を整理し、まとめる力も向上した。活発に意見交換できるようになったきっかけとして、教員のキャリア発達に関する研修の中で、互いの強みや弱みを伝えあうグループワークを行ったことも有効であったと捉えている。

3．これからの研修

　本校では、教員の人数が少ない分、「互いの顔と名前が分かる」「集まりやすい」という小規模校ならではの強みを生かし、小グループでの協議を重ねてきた。このことにより、チーム力が向上し、組織的な取組へとつながったと考える。「今日のＡさんの姿がキャリア発達だと思ったんだよね」などと職員室で児童生徒のキャリア発達する姿について日常的に話すことが増えたことは大きな変化であった。全体研修会の実施や研究部が作成した資料提示での共通理解だけでは、研究の取組を教員一人一人が自分事として捉えることは難しい。研究部からの伝達・説明だけではなく、「キャリア発達とは何か」「目指す姿は何か」といったことを共に考えるプロセスを、教員全員で共有したことが本研究の節目となった。今後も到達点を共有し、共に考えながら研究を進めていくための研修の在り方を探り、組織的な取組を充実させていきたいと考えている。

２ 校務分掌組織を活用した取組

１．はじめに

　中央教育審議会答申（2011）「今後の学校におけるキャリア教育・職業教育の在り方について」を踏まえ、キャリア教育を効果的に展開していくためには、教育課程全体を通じて必要な資質・能力の育成を図っていく取組が必要になると考えた。また、文部科学省から示された研究課題である「小学部段階から連続したキャリア教育」というテーマに迫るためにも、小中高の教員で構成されている校務分掌組織の中から、学習指導部会と教科部会（以下、各部会）に着目した。

　本校の各部会は、図１のように編成されている。主な業務内容として「教育課程における年間指導計画の作成及び指導内容の検討」が示されていたが、コンクールへの応募、作品展等に向けた事務的な手続きについての話し合いが主となり、指導内容の検討については十分に行われていない状況であった。また、教員を対象としたキャリア教育に関する意識調査では、「キャリア教育＝職業教育」の考えが根強く、「教育課程全体を通じて行う」という意識が低いことが分かった。そこで、

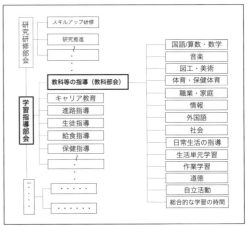

図1 校務分掌組織図（一部抜粋）

教員一人一人が担当する各部会の指導内容についてキャリア教育の視点から検討することで、特定の教科・領域のみでキャリア教育を進めるのではなく、学校生活全体を通じてキャリア教育を推進できるようにしたいと考えた。校務分掌組織を活用した取組として、研究１年次は、各部会で資料「各学部と連携・継続した支援（学習活動）」に関する検討と作成、２年次は、教科部会で「連続性のある学習指導略案」の作成、３年次は教科部会と学習グループがチームとなり、授業実践を行った。なお、３年次の取組については、P46「１Ｇ１Ｊによる授業づくり」を参照していただきたい。

２．各部会での「各学部と連携・継続した支援（学習活動）」の作成

（１）目的

　①小中高の教員が学部間のつながりについて共通理解を図り、同じ視点で指導支援に当たること、②各部会で学習活動の工夫を考えることをとおして、キャリア教育の視点を関連付けた実践を積み重ねることの２点を目的とした。

（２）方法

　以下の①〜④の方法を進めることとした。

①第１火曜日は学習指導部会、第２火曜日は教科部会と規定の会議日を活用した月１回
　の話し合いを実施し、キャリア発達の視点から卒業後を見据えた学習内容と支援方法
　を検討する。

②各部会の特性を踏まえ、キャリア発達の視点から考えられる学習内容や支援方法を自
　由に考え、思いつく限りアイデアを出し合う。

③②のアイデアの中から実際の学習活動に発展させ、深めたいと考える内容を選択し、
　テーマを設定する。

④テーマに沿ってキャリア発達の視点で考えられる具体的な学習活動や、小中高の連携
　や継続した支援を話し合い、資料『各学部と連携・継続した支援（学習活動)』を作
　成する。

各学部と連携・継続した支援（学習活動）

校務分掌名	D	日常生活の指導

〈キャリア教育（発達）の視点に立ったテーマとねがい〉

○毎日の身だしなみチェック
・自分の身だしなみを鏡でチェックすることができる。
・色々な場面での人との関わりをとおして、身だしなみを整えることの大切さに気付くことができる。

〈小・中・高の連携・継続した支援〉

小学部段階での支援（学習活動）

・各教室の鏡に身だしなみチェック表を掲示する。
　（Ｔシャツの前後・ズボンの前後・下着のはみ出し・ハンカチとティッシュ）
・トイレの鏡に下着をしまったか確認できる掲示をする。
・朝の会でハンカチチェックを行う。

＜他分掌との連携＞

・清潔な身体や衣服（保健）　・汗の始末（保健）

中学部段階での支援（学習活動）

・各教室の鏡に身だしなみチェック表を掲示する。男女別で作成する。
　（髪の毛・制服の襟・ズボンのファスナー・ボタンとフック等）
・作業に合った服に着替え、汚れても良い服装を知ることができるようにする。
・一週間ごとに作業服を持ち帰り、清潔さへの関心がもてるようにする。
・定期的に洗濯し、清潔さを保つ習慣が身に付くようにする。

＜他分掌との連携＞

・清潔な身体や衣服（保健）　・汗の始末（保健）
・場面に応じた服装（作業）　・定期的な身だしなみチェック（特活）

高等部段階での支援（学習活動）

・各教室の鏡に身だしなみチェック表を掲示する。男女別で作成する。
　（下着やＴシャツは透けていないか・スカートの丈等）
・トイレや廊下などの鏡に「身だしなみは大丈夫？」と呼びかけを掲示する。
・出前授業で身だしなみとしての化粧の仕方を学習する機会をつくる。
・各場面において正しい身だしなみについての共通理解を図る。
・場面に応じた身だしなみ（ジャージ・汗の始末・作業学習・給食等）ができるよ
　うに、作業室や食堂などにもチェック表を掲示する。
・自分でエプロンや作業着を着るなどの身支度を整える機会をつくる。

＜他分掌との連携＞

・清潔な身体や衣服（保健）・場面に応じた服装（作業）・汗の始末（保健）
・衛生的な身だしなみ（給食）・社会人としての身だしなみ（職・家）

○キャリア教育（発達）の視点で、なぜ大切なのか。

・将来の社会自立を考えたとき、自分で身だしなみを整えることで周りの人に良い
　印象を与え、良好な対人関係を築くことにつながっていく。

資料 各学部と連携・継続した支援（学習活動）

（3）実践

　各部会の特性を踏まえ、キャリア発達の視点で考えられる学習内容についてアイデアを出し合う際には、実現できるか、できないかではなく、「校外学習に毎月行けると良い」「高等部は全員腕時計をつけられると良いね」など、発想豊かに意見を出し合い、可能性を探った。

　資料「各学部と連携・継続した支援（学習活動）」を作成するに当たっては、小中高それぞれの立場から意見を交換し、各学部段階に合わせた具体的な取組と支援方法を整理した。テーマと願いを明記し、「この学習指導部（教科）だからこそこんなことができるのではないか」「こんな児童生徒に育ってほしい」「こんな授業実践はどうだろうか」などの意見を挙げていき、願いに迫るための具体的な取組を記載した。

　小中高それぞれの学部段階での取組を整理していく中で、他の教科等と学習活動が重複することも分かり、各部会との連携を図る必要性を再認識した。例えば「身だしなみ」は日常生活の指導の場面だけではなく、保健指導や給食指導、作業学習や職業など様々な学習場面が関連しており、連携して取り組めるのではないかということである。

（4）成果

　各部会の機能の活用により、小中高それぞれの立場から意見交換することができた。協議を重ねる中で、キャリア教育への理解が深まり、社会的・職業的自立に向けたキャリア教育の在り方について共通理解を図ることができた。また、各部会における学部間の一貫性・系統性を検討することにより、学部間のつながりを大切にすることや教科等の横断性を踏まえて実践する意識を高めることができた。

３．教科部会での学習指導略案の作成

　研究２年次には、１年次に作成した資料「各学部と連携・継続した支援（学習活動）」を基に、小中高それぞれの段階の学習指導略案を各教科部会にて作成した。「なぜ・なん

のために」「何を」「どのように」を明確にした授業づくりをとおして、各教科・領域の学習に含まれる「キャリア教育（発達）の視点」（以下、キャリア発達の視点）や小中高の系統的な学習内容について考える機会とした。

（1）目的

各教科・領域における小中高それぞれの段階に応じた学習指導略案を作成することをとおして、系統性のある発展的な内容や他教科・領域とのつながりを考え、実践に還元する。

（2）方法

まず、各教科部会において、学習内容の核となるテーマを２つ設定し、小中高それぞれの学部段階の学習指導略案（３学部×２テーマで、計６つの略案）を作成する。次に、「育成を目指す資質・能力」を踏まえた学習計画の３観点である①知識・技能、②思考力・判断力・表現力、③主体的に学習に取り組む態度に基づいて目標を設定し、「基礎的・汎用的能力」を目標の最後にカッコを付けて記す。

作成した学習指導略案を教科部会で検討し、小中高のつながり（系統性）を確認する。全ての教科・領域の学習指導略案を一冊にまとめ「学習指導略案集」とし、授業づくりの際に活用する。

（3）成果

新学習指導要領で示された「育成を目指す資質・能力」についての理解度にばらつきがあったが、全員が学習指導略案作成に携わったことで理解を深めることができた。また、系統性のある発展的な授業づくりを検討することにより、学部間のつながりに関する意識の向上を図ることができた。さらに、各教科・領域の学習の中にある、キャリア発達の視点に着目することにより、「キャリア教育＝職業教育」という考え方が薄れ、キャリア教育への理解が深まった。

４．まとめ

これまでの研究の取組は、小中高それぞれの学部で実践し、学部内での検討・協議や共通理解にとどまることが多かった。今回、校務分掌組織を活用したことにより、小中高の教員が、それぞれの立場から児童生徒の学習内容やキャリア発達の視点について考えたり意見を交換し合ったりすることができ、協議の広がりや深まりが見られた。同時に、活発な協議は参加する教員の積極性も高めた。さらには、これまであった校務分掌組織の活用により学校が一つになって研究を進めることができ、各学部の連続性（つながり）や教科等の横断性への意識を高め、教育課程全体を通じたキャリア教育の推進の一歩につながった。

　小学部高学年では生活単元学習「ようこそ！『おさかなワールド』へ」で遊びの単元に取り組みました。私は遊びの要素を取り入れた単元を実施した経験が少なく、先輩教員に教えてもらいながらの実践となりました。児童の遊ぶ姿のイメージを教員間で共有して遊び場作りに取り組み、放課後には、遊び場で作業をしながらその日の児童の遊びの姿を話題にしました。毎日繰り返す中で、児童の遊びで期待する姿が明確になっていき、「もっとこうしよう」という遊び場の改善案や「どう遊ぶか見守ってみよう」「○○に誘ってみよう」など児童への関わり方について一緒に考え、共通理解して取り組むことができました。児童の遊びが日に日に発展していく姿を感じるとともに、思いっきり遊びを楽しむ姿が多く見られたことは何よりも嬉しかったです。

　単元が始まってからは、遊び場の設定や遊具の内容だけでなく、その場で一緒に遊ぶ教員の対応も重要だと感じました。最初は思いっきり遊ぶことに恥ずかしさが少しありましたが、教員が思いっきり楽しむことで、児童がその遊びに興味を示して自分から向かうきっかけとなったり、「一緒に遊びたい」という気持ちから教員や友達との関わりが広がったりするなど児童の遊びに様々な変化が見られました。また、一緒に遊ぶ中で、児童と楽しさや面白さを共有しているからこそ気付くことができる姿があると感じ、毎日一緒に遊ぶことが楽しくなりました。

　この単元をとおして、教員間で児童の様子や期待する姿を共有して取り組むこと、教員も児童と共に遊びを楽しむことが大切だと学びました。

　これは遊びの単元だけでなく、学校生活全体にいえることであると思いました。この単元を経てから、教員間で児童の様子を共有した上で、どのような指導・支援をしたらよいかを一緒に考え、共通理解するという意識が自分の中で今まで以上に高まりました。そのため、学級内ではこれまでより教員間で話す機会が増え、場面ごとの一貫性のある指導や「このような場合は○○先生が対応し、その後○○先生がフォローする」など状況に応じた役割分担が自然とでき、指導・支援の方向性を共通理解して取り組めるようになったと感じます。

　そして、一緒に活動する、一緒に遊ぶ中で、「楽しい」「頑張った」「悔しい」など児童と様々な気持ちを共有することで、ちょっとした行動や表情、言葉などから児童の変化や気持ちに気付けることが増えたという実感がありました。児童の向き合い方の変化、「思い」や「願い」に気付くためには、児童に指導・支援するというだけでなく、児童と生活を共にするという意識が大切だと感じています。

　教員間で共通理解を図り指導・支援に当たること、児童と生活を共にすること、正直どちらも基本的なことですが、頭の中で分かっていても、これまでの自分を振り返ると、意識的に取り組めていたかというと自信がない部分があります。しかし、今回遊びの単元や学校生活全体の場面で実際に経験したことによって、改めてその大切さに気付けたことは自分にとって大きな成果だと感じています。知識として理解していても、実際に自分自身が経験することで、本当の意味でその重要性に気付くこともあると学びました。

Column
コラム
教員のキャリア発達のエピソード②
教職経験4年目　高等部

　本校で行われる研究のテーマが「キャリア教育支援の在り方」に決まったときには、「キャリア教育」がどのようなものなのか正直イメージできていませんでした。漠然と高等部卒業後の進路に向けた学習や職業科のような学習であるのだと思っていました。3年間の研究をとおして、学級や作業班など様々な場面でキャリア発達支援について考えることになり、教員研修を行ったことで、「キャリア教育」に対するイメージが大きく変わりました。

　私は高等部を担当していて、研究が行われた3年間、高等部3年生の担任を受け持っていました。それこそ初めは、キャリア教育＝高等部3年生に必要な教育だと考えながら日々の指導・支援に当たっており、ある生徒に卒業後に付けたい力は何かを考えて、指示の理解を促す学習に取り組んでいました。例えば、「一番上の引き出しから紙を出してください」「右から3番目の本を取ってください」など日常でよく使うであろう指示を理解することを目指して指導していました。国語・数学の時間に繰り返し取り組んでいくと生徒も覚えて、指示を正確に聞けるようになってきました。また、作業学習では農耕班の担当になり、就労に対する意識をもつことや働ける体力を付けることなどを目標に取り組んでいたのですが、日々の活動やそれに対する指導・支援が当たり前になり、深く考えることなく過ごしてしまっていたと思います。研究が2年目に入って「キャリア教育」について研究担当の教員に、実際のところ何が「キャリア教育」なのか、果たして自分は実践できているのかを聞いてみると「結果だけを見るのではなく、その間の過程に目を向けることが大切」と教わりました。また、研究のキーワードにもあるように「なぜ・なんのために」という視点をもう一度見直してみるようアドバイスをもらったのですが、自分は「○○ができるようになる」ことにしか意識が向いていなかったことに気付いて、生徒が学習しようとするときに、結果に至る過程で感じていることや気付きに意識を向けるようにしました。そうすると「できた」「失敗した」という結果以外に、生徒自身がその学びに価値を感じていないように思えました。そこで、まず自分自身が授業や日々の生活の中での指導・支援において「なぜ・なんのために」学びが必要なのかを考えるようにしました。考えることで、諸活動の中で生徒が何を感じることができ、何に気付くことができるかという視点が生まれてきました。そういった結果以外の生徒の学びを意図することが大切なことであり、必要なことなのだと感じました。生徒たち自身が「なぜ・なんのために」学ぶかを明確に提示することも必要なのだと分かりました。

　上記に述べたことが「キャリア教育の視点」として生徒の成長に最も適切かは正直自信がない部分もあります。しかしながら、目的やねらいはあったものの、漠然と生徒に指導・支援していたものが、明確な視点をもつように変化したことは私自身のキャリア発達なのではないかと思います。自分にそういう視点が生まれたことで、授業や日常生活の指導の中で、生徒にどんな学びを提供できるか考えることが楽しく感じています。キャリア教育研究の3年間で学んだことや気付いたこと、感じたことなどを大切にして、今後も指導・支援していきたいと思います。

　「他学部体験研修」は、①指導経験のない学部での一日体験研修をとおして、他学部の発達段階に応じた学習内容や指導・支援の方法を学ぶこと、②所属学部との違いや学部間のつながりについて考えることを目的として実施した。対象者は、勤務経験調査を実施し、小中高全ての学部を経験したことのない者の中から、単一学部のみ経験の教員を中心に選定した。2018（平成31）〜 2019（令和元）年度の２年間にわたって実施し、計13名が研修を行った。内訳は、小学部から中学部が１名、小学部から高等部が２名、中学部から小学部が１名、中学部から高等部が１名、高等部から小学部が６名、高等部から中学部が２名であった。なお、実施者の約８割が教職経験10年以下の若年層である。

　研修日は、登校から下校まで一日をとおして指定の学級に入り、児童生徒の学習の様子や教員の指導・支援等について学んだ。円滑に研修を進められるように、学部主事と日程を調整し、対象者が研修で抜けた後の補講体制を必ず整えてから実施した。また、研修の前後には、アンケートを実施し、研修後の変容を捉えられるようにした。

　研修をとおして、小学部の教員は、自分がかつて担任していた子どもの数年後を知り、自分の実践を振り返るとともに、これまではあまり身近に感じていなかった進路指導や卒業後の生活について考える機会となった。また、高等部の教員は、これまで関わりの少なかった他学部の学習内容や指導・支援方法を知ることで、子どもの捉え方が変わったり、現在に至る学習の積み重ねに気付いて指導・支援の工夫や在り方について考えたりする機会となった。

　研修を実施できたのは全教員のうち２割弱であったが、実際に体験した教員が周囲に感想を伝えたり、他学部の教員や子どもとの関わりが増えたりするなどの様子が見られるようになった。これまでは、小規模校であっても学級担任レベルではお互いの学部の実践や様子を知る機会が少ないという現状であったが、本研修をきっかけにお互いの学部を知ることができ、実際の体験に基づいて見方や考え方が広がり、学部間のつながりを意識する一助となった。以下、アンケートの内容を抜粋し、研修実施者の「実際の声」を記載する。なお、文中の（小）は小学部教員、（中）は中学部教員、（高）は高等部教員を示す。

１．体験をとおして…「体験学部では、ここを大切にしているな！」と感じたところ
○小学部での研修
　（中）理解を深めるための視覚的な支援が多いと感じた。
　（高）学習をとおして「待つ」ことや「順番を守る」ことができるように工夫していた。
　（高）人との関わりや楽しさを経験できるように学習内容の工夫や支援がなされていた。

○中学部での研修

（小）できることや分かることを増やし、生徒の自己肯定感を
　　　高めるような関わりができていた。

（高）高等部進学に向けて、学校生活での自立を目指していた。

（高）一斉授業の後に個別の指導も行っていて、個に応じた支
　　　援が充実していた。

○高等部での研修

（小）卒業後を意識して作業中の態度や時間厳守、挨拶、言葉
　　　遣いを大切にしていた。

（中）卒業後に向けて、できることをさらに伸ばすよう意識し
　　　ていた。

（中）ランニングの指導をとおして、働くために必要な体力の
　　　向上を図っていた。

2．他学部とのつながりとはどんなことか？

・児童生徒の社会参加に向けて必要な知識・技能を習得できるように、段階的かつ継続
　した指導・支援を行うこと。

・日常生活の指導、基本的生活習慣の確立、コミュニケーション能力などの指導や支援
　のこと。

・同じ学習であっても段階を踏んだ発展した取組の積み重ね。

・小学部や中学部で学んだ生活習慣や人と関わる喜びが高等部になってからの生きる力
　やコミュニケーションに直結すると思う。

・中学部で教員や友達との関係の中で身に付けた礼儀（マナー）を高等部でも引き継ぎ、
　「高等部卒業後は、社会に出る」という視点をもって、さらに厳しい観点でブラッシュ
　アップできるように支援していくこと。等

3．他学部とつながるためにどんなことが必要か？

・個別の教育支援計画や個別の指導計画などを確認することや児童生徒の学習や成長の
　変化が分かるようにする。

・卒業後の生活を見据えた学習内容を組み立てる。

・必要なスキルを習得するために段階を踏んで共有していく。

・小・中学部では掃除の時間が設けられていないが、少しでも掃除の機会を増やし、段
　階を踏めるようにする。等

4．研修をとおして、学んだこと・今後に生かしたいこと

・指導経験のない学部を体験することで、視野を広げることができた。また、現在の学部の取組を見直し、学部間のつながりを意識することができた。

・学校生活や日常生活で必要なこと（挨拶、返事等）は継続して指導・支援していくことが大切だということが分かった。

・できないことや難しいことばかりに目を向けるのではなく、好きなことや得意なことを伸ばし、やりたいと思える気持ちをもてるように支援することが大事であることが分かった。どうして難しいのか、理由や背景に目を向けて、少しでも得意なことが見つかるように支援していきたい。

・児童生徒の将来をイメージしながら段階的に指導・支援していくことが大切だと再確認することができた。

・小学部で必要だった支援を続けていくのではなく、その時その時に見直していき、年齢や実態に合った支援を行えるようにしたい。

・小学部段階から道具の使い方とあわせて、なぜ道具を使うのか、なぜそのような使い方をするのかなども理解していけるように伝えていく必要がある。

・まずは教員との信頼関係、人との関わりの楽しさなどを育てることが大事だと改めて感じた。

・中学部までに学んできたことをまとめておき、「ここまでこのように頑張ってきたあなた（生徒）だから、次はこれを目指そう！」と振り返って次につながる物を残していきたい。

・教員それぞれの思いや児童生徒のために行っていることを肌で感じることができ、自分との考え方の違いにも気付くことができた。

・学部でどのような点に配慮し、どのような目標で活動してきたか（各教科・生活指導等）を丁寧に引き継ぎ、次の学部での取組に生かせるようにしたい。

・必要なスキルを共有できている部分が多いと感じたので、このつながりをもっと太くしていきたい。

・児童生徒への言葉かけ、教材、見通しのもたせ方、実態に合わせた指導など、学部によって違うことを学んだ。前向きに言葉をかけることの大切さを改めて実感した。

・連絡帳の様式など一つ一つに工夫が見られ、参考にしていきたい。

・言葉かけや場の設定など丁寧に行えていないところを見直し、生徒にとって見通しをもって主体的に活動できる場を設定できているか確認していきたい。等

5．成果

　他学部を経験することにより、教員自身の視野を広げることができ、学部間の系統性についての意識向上を図ることができた。また、他学部の実践を知ることにより、学部間の連続性に気付き、そのつながりを考えたり、所属学部での学習活動の在り方を再考したり

することができた。

6. 課題

　他学部体験研修は日程調整が大変であったが、定期的に行えるようにし、各学部とのつながりを意識して学習内容や指導・支援を工夫していけるようにしていきたい。なお、学校段階での学部間の連続性・系統性への意識は高まったが、卒業後を見据えた教育活動の在り方については十分に検討しきれておらず、さらに考える必要があった。児童生徒の将来をイメージできるように企業や福祉事業所等からの声（求める人材等）を聞く機会を設けるなどして、検討していけると良いという意見も挙げられた。

他学部体験研修アンケート

所属（ 小 ・ 中 ・ 高 ）氏名（　　　　　　　　　　　）

体験学級（ 小 ・ 中 ・ 高 ）（　　　年　　　組）

1. 体験を前に

（1）「体験学部（　　）と所属学部（　　）のつながり」とは、どんなことだと思いますか？

（2）体験学部（　　）で、ここは大切にしているだろう！と思うことは何ですか？

2. 体験を終えて

（1）「体験学部（　　）と所属学部（　　）のつながり」とは、どんなことだと思いましたか？

（2）体験学部で大切だなと感じたキャリアの視点は何ですか？

（3）他学部体験をし、改めて所属学部で大切だなと感じたキャリアの視点は何ですか？

（4）他学部体験を通して学んだこと、またはこれからの教員生活に生かしたいと感じたことを、ご自由にお書きください。

ご協力ありがとうございました！！

資料　アンケートの様式

各学部で大切にしたいキーワードの検討

　児童生徒一人一人の社会的・職業的自立に向けて、各学部段階で育みたい力や目指す姿を「大切にしたいこと」としてキーワード化することにより、系統性や連続性を意識し、共通理解を図って指導・支援に当たることを目的として、全体研修を実施した。

　下記の図は、2年次の研究計画の中で示した本校の研究実践サイクル図である。D（実践）欄の各学部のキーワード部分が未定となっているが、全教員で検討し決定するために、あえて空欄とした。この取組は、研究部が考えて提示する研究ではなく、全教員が協働し、共に考え、作り上げていく研究にしたいという思いから、実施に至った。特別支援学校では、チームで指導・支援に当たる体制が多くあることから、キャリア教育の充実に向けては、教員間で連携・協働し、多面的に児童生徒のキャリア発達を捉えることが重要となる。本研修では、教員間のチーム力向上を図り、意見や情報交換をより活発に行える環境づくりにも留意した。

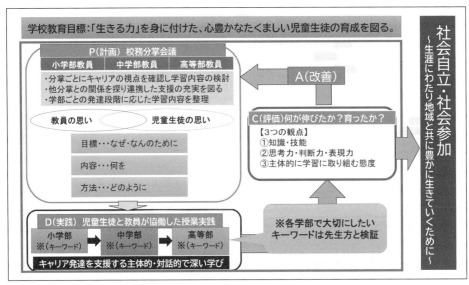

図　研究実践サイクル

1．研修の内容及び方法

　単独の学部による意見だけではなく、他学部からの意見も参考にして考えられるよう、小中高縦割りグループを6つ編成し、各グループで小中高それぞれの育みたい力や目指す姿についてキーワード化することとした。また、全教員が自分の所属学部だけでなく全学部のキーワードを考えることにより、系統性や連続性をより意識できるようにすることを目指した。

　各グループでは進行・記録・発表の役割を決め、協力して進められるようにした。協議に当たっては、①学校教育目標や学部目標を踏まえること、②学部間のつながり（系統性・連続性）を意識すること、③グループで合意形成を図りながら決めることの3点を確認し

てから取り組むようにした。各グループで考えたキーワードは、理由も含めてそれぞれ発表し、全体で共有した後、全教員がそれぞれふさわしいと思ったキーワードに投票し、集計したものを管理職と相談し、各学部のキーワードを決定した。

　決定したキーワードについては、図式化して掲示または配布をし、適宜確認できるようにすることで、意識化を図るようにした。また、美術科と連携してキーワードに合わせたイラストをつけることで、親しみやすいようにした。

グループごとに考えたキーワードの一覧

2．結果

　協議では、小グループ編成としたことで対話が促進され、立場や経験、年齢等に関わらず、積極的かつ建設的に意見交換を行うことができた。これまでの自分の経験を生かして考える、現在の所属学部から連続する学部の力を考える、今の児童生徒から過去や未来を想像して考える、相手の立場になって考える、などいろいろな視点でキーワードについて考えることができ、話し合いの充実が図られた。また、自分の考えていることを言語化したり、他者の意見が加わったりすることで、言葉がもつ意味や示す行動のほか、思いが明確になったり、膨らんだりするなど、見方や考え方の深まりや広がりが見られた。どのグループも時間が足りないと感じるほど、充実した協議を行うことができた。

協議と投票の結果、各学部のキーワードは、小学部が「自己肯定」、中学部が「自己表現」、高等部が「自己決定」となり、その次に投票数の多かった「笑顔で」「仲間と」「社会へ」をサブテーマとした。また、「それぞれによさがあって選びきれない」という意見も多かったため、キーワード化されなかった意見についても、下図のように目指す姿として学部間をつなぐ矢印の中に示し、実践の際に意識できるようにした。以下が本校のキーワードをまとめた図である。

（平成30年度　千葉県立夷隅特別支援学校）

3．研修後のアンケート（一部抜粋）

　研修後に実施したアンケートでは、以下の感想が挙げられた。
・本日のような自由な話し合いの研修を積み重ねて、一人一人が主体的に考える研究ができると良い。
・一生懸命、みんなで考えた。充実した時間だった。
・キーワードが決まると研究は進めやすいと思う。短い時間だと整理が難しかったが、とても充実した時間だった。
・すぐに覚えられるフレーズがキーワードには良いと感じた。みんなで楽しく話し合うことができ、良い研修だった。グループで考え合うことは自由に意見を言い合えるので楽しいと感じたのだと思う。児童生徒にもこのような体験ができる学習の場が設定できると良い。
・キーワードを考えることは、余計なものを省くことになるので、骨の部分（大切なもの）を振り返ることができた。学校教育目標の見直しにもなって良かった。
・普段の話し合いとは一味違った切り口から考えることができて良かった。キーワードで考えていくことで理解しやすく感じた。良い研修だった。
・キーワードは覚えやすく分かりやすいものが良いと思った。活発な話し合いができて勉

強になった。
・それぞれ「なるほど」と思える各グループの発表だった。自分のグループ以外でも、AやFのキーワードには共感するものがあった。
・グループごとにテーマについて話し合い、考える場で良かった。どのグループも「なるほど」と納得した。大事な内容を短い言葉にまとめることは難しいと思った。
・研修の形をいろいろと工夫してくれるので、参加しやすい。特に、自由度の高い話し合いは、自分も研究に貢献していることを実感でき、全校でやっているという意識が高まって良い。
・いろいろな考えを聞くことができ、自分が思ってもみなかった新鮮なフレーズがあるものなのだと感じた。

4．成果

　本研修をとおして各学部において大切にしたい事項について共通理解を図るとともに、本校が目指す児童生徒の姿を整理し具体化することができた。また、各学部間のつながりを考えることで、教職員の一貫性・系統性に関する意識が高まり、自分の所属学部だけではなく他学部への関心が高まった。さらに、キーワード化したことで、各学部段階における目指す姿が明確となり、実践に反映しやすくなった。

　教員側に目を向けると、充実した協議により、教員間のつながりが強まったことや、考えを言語化し、他者と共有し合うことで見方・考え方の深まりや広がりにつながった。このことは教員のキャリア発達の一つと捉えられた。また、自由に話し合える環境で、全教員が協力して作り上げたことにより、団結力や一体感が生まれ、学校全体で協働して研究に当たる体制づくりができた。

1．取組の概要

　小学部から中学部、高等部の系統性への意識を高めること、授業づくりのスキルアップ、校内の組織力の向上を図ることを目的とし、「1G 1J（1グループ1授業）」の取組を進めた。

　本取組は1つの授業について、若年層から熟年層まで幅広い教員が集まり1つのグループとなって授業づくりを進めることにより、互いの専門性の向上を目指すものである。

　具体的には、若年層研修対象の2年目、3年目、6年目、7年目の教員が年1回、学習指導案または学習指導略案を作成し、授業を展開した。実践した教科・領域は、音楽、社会、国語、特別活動、保健体育、外国語、自立活動であった。

1G 1J（1グループ1授業）

　グループの構成は、①授業者、②授業を展開する学習グループ（授業サポーター）の担当者、③授業者が展開する教科・領域の教科部会担当者（以下、教科担当者）、とした。教科担当者が加わることで、授業者を支える人数が増え、若年層は熟年層から学び、熟年層は若年層に教え、互いに高め合っていけるようにした。また、これまでは若年層や学部ごとに集まっての学習指導案検討が行われていたが、若年層だけでは経験の少なさから頭を抱えてしまうことがあること、小中高の系統性の検討には所属学部だけでは十分に迫りきれないといった課題があったことから、上記のようなグループを構成することとした。

　授業づくりに入る前には学習指導要領解説に示された各教科の特質に応じた「各教科における見方・考え方」を教科部会で確認した。示されている見方・考え方が何を指しているのか、児童生徒に指導する上でどんなことを大切にしたら良いのかを話し合い検討した。学習指導要領の趣旨を踏まえ、各教科としての考えや目標を達成するために取り組んでいくことを言語化して「見方・考え方」を教科部会内で整理し、「育てたい力」を明確にした上で授業づくりに取り組んだ。

＜5月～6月＞　第2火曜日　教科部会

「見方・考え方」をもとにした、「育てたい力」の検討

＜6月～＞第2火曜日、月金の授業研究日

1G1Jによる授業づくり

　授業づくりに当たって、グループでの協議は月曜日・金曜日の授業研究日とし、教務主任と連携して週予定表へ記載し、周知を図ることで協議日程を確保できるようにした。下記に、例として音楽科での取組を紹介する。

〈音楽科の取組〉

　音楽科における見方・考え方について、学習指導要領解説には「音楽的な見方・考え方とは、『音楽に対する感性を働かせ、音や音楽を、音楽を形づくっている要素とその働きの視点で捉え、自己のイメージや感情、生活や文化などと関連付けること』」と記載されている。この中の「音楽に対する感性を働かせ」という部分について、教科担当者では「音楽の面白さ、美しさを感じ取ることを支えとして、自ら音や音楽を捉える。学習を積み重ねることによって音楽に対する感性が育まれること」と捉えた。また、学習指導要領の趣旨を踏まえて、音楽科として何を目指せば良いのかを再確認し、各学部の教科担当者が学部段階で関連性をもたせながら児童生徒の成長に伴って発展していけるように目標を確認していった。

　授業づくりでは、グループで検討した目標を基に、授業の構成や指導内容について相談し合い、発問や教材の工夫等の詳細についても意見交換しながら授業を少しずつ形にしていった。なお、授業づくりにおいては、あくまでも授業者の意図を汲みながら、必要に応じて授業についてグループでの話し合いの場を設けて一つの授業を完成させていった。

＜音楽科における見方・考え方＞

音楽に対する感性を働かせ、音や音楽を、音楽を形づくっている要素とその働きの視点で捉え、自己のイメージや感情、生活や文化などと関連付けること

↓

音楽科の特質に応じた物事を捉える視点や考え方
音楽科を学ぶ本質的な意義の中核をなすもの

＜グループワークの記録＞

「音楽に対する感性を働かせ」
→音楽の面白さ、美しさを感じ取ることを支えとして、自ら音や音楽を捉える。学習を積み重ねることによって音楽に対する感性が育まれる。

「音や音楽を、音楽を形づくっている要素とその働きの視点で捉え」
→鳴り響く音や音楽を対象とし、音色、リズム、速度、反復、呼びかけと応えなどの要素を聴き取ることと、それらの働きが生み出すよさや面白さ、美しさを感じ取ることを関わらせながら、音楽がどのように作られて、どのような雰囲気や表現をかもし出しているのかを見いだす過程。

「自己のイメージや感情、生活や文化などと関連付けること」
→音や音楽とそれらによって喚起される自己のイメージや感情との関わり、音や音楽と自分の生活との関わりについて考えることによって、表現領域では、思いや意図をもって歌ったり楽器を演奏したり身体表現したりする学習が、鑑賞領域では、楽しさを見いだし味わって聴く学習が一層充実する。

音楽→音を楽しむ
　　　音楽の幅を広げる（表現、鑑賞）

２．成果と今後に向けての課題

（１）成果

　１Ｇ１Ｊ（１グループ１授業）の取組において教科担当者が授業づくりに加わったことにより、他学部の実践内容を知るとともに、若年層は熟年層や教科担当者のアドバイスを受けながら現段階で身に付けたい力を確認することができ、授業の目標を明確にすることができた。また、これまでは限られた範囲での授業検討であったが、教科担当者と共に授業を組み立てることができた。教科の専門性が加わったことによって、学部段階に合った目標や活動内容や系統性のある学びについて検討する機会となった。

　なお、若年層にとっては、授業づくりを進める上で基礎となる重要な事項を学ぶ貴重な機会となった。また、各学部の視点を考慮しながら「何を」「どのように」していきたいかについて具体的に考えたり、組み立てたりする良い機会になった。

（２）課題

　年１回の授業実践であったため、今後どのように改善や工夫を図っていくのかについてグループ全体で十分に検討することができなかった。今後の継続により、他学部の実践を見たり、授業に関するアドバイスをもらったりし、協力してより良い授業づくりに取り組んでいくことができるのではないかと考える。

　また、各教科における「見方・考え方」の捉えを確認し、具体的に何を示すのかについて検討することはできたが、十分に理解するまでには至らなかった。各教科で身に付けた「見方・考え方」が、どのような場面で活用されていくのか、他教科とどのような関連があるのかを明確にしていくことで、児童生徒のより「深い学び」へとつながっていくと考える。

6　PATH の実施による「本人の願い」の理解

1．「事例シート」の活用

　2年次の全体研究会において、菊地先生より「知的障害教育におけるキャリア発達支援の意義と実践」をテーマとした講話を頂いた。「児童生徒の『思い』とキャリア発達支援」についての話の中で、「児童生徒の内面の育ちに目を向けキャリア発達を促すことにより、児童生徒の思いの変化に気付き、支えていくアプローチ」を行う他校の実践例を聞くことができた。児童生徒の「いま」の思いは、これまでの本人の経験を踏まえた「ものの見方」や「受け止め方」の現れであり、「どうありたいのか」「どうなりたいのか」という「思い」を捉えることの重要性を学んだ。

　また、本講話をとおして「できない」と決めつけるのではなく、本人の「思い」や「願い」を大切にすることで、キャリア概念の正しい理解を図ることができると捉えた。そして、児童生徒と教員が「なぜ・なんのために」という目的を明確にし、「何を」「どのように」行うのかについて授業等を改めて捉え直し、整理することがキャリア発達支援において必要であることが分かった。

　そこで、2018（平成30）年度の授業研究では、キャリア教育の視点に立った学習活動の充実を図るため、「なぜ・なんのために」「何を」「どのように」を明確にした授業づくりに取り組んだ。その中で、本人の願いと学習活動との関連性を明確にするための手立てとして下記の手順で「事例シート」を作成することとした。

＜事例シート作成手順＞
①単元／題材と関連する児童生徒の様子や実態を記入する。
②個別の教育支援計画を活用して「本人の願い」を捉え、「教師の願い」とすり合わせる。
③教科・領域の年間目標を記入する。キャリアの視点についても明記する。
④本単元／題材の個人目標を設定する。キャリアの視点についても明記する。
⑤本単元／題材を中心に他教科・領域または学習指導部との関連を検討し、記入する。

　本シートは、個別の教育支援計画を活用して「本人の願い」を把握し「教師の願い」とすり合わせた学習を計画することや、他教科・領域等との関連を明記することができるようにし、学習指導案作成の際などに役立てられるようにした。

　「本人の願い」と「教師の願い」をつないだり、他教科・領域との関連性を意識したりすることで、指導者側の「なぜ・なんのために」を明確にした授業づくりを進めることができると考えた。なお、課題としては「本人の願い」の必要性について教員間で改めて共通理解し、「本人の願い」をどのように捉えるかを検討したり、複数の目で児童生徒を見取り、支援につなげたりする必要性があることが明らかになった。

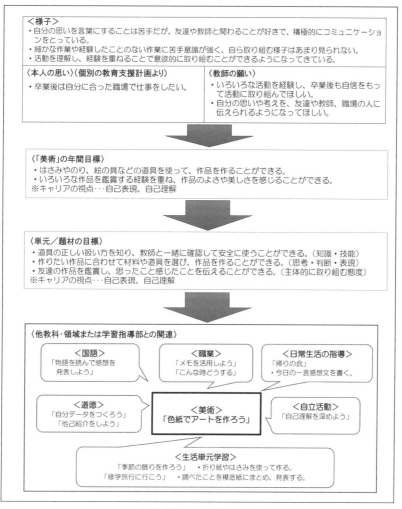

〈様子〉
・自分の思いを言葉にすることは苦手だが、友達や教師と関わることが好きで、積極的にコミュニケーションをとっている。
・細かな作業や経験したことのない作業に苦手意識が強く、自ら取り組む様子はあまり見られない。
・活動を理解し、経験を重ねることで意欲的に取り組むことができるようになってきている。

〈本人の思い〉（個別の教育支援計画より）
・卒業後は自分に合った職場で仕事をしたい。

〈教師の願い〉
・いろいろな活動を経験し、卒業後も自信をもって活動に取り組んでほしい。
・自分の思いや考えを、友達や教師、職場の人に伝えられるようになってほしい。

〈「美術」の年間目標〉
・はさみやのり、絵の具などの道具を使って、作品を作ることができる。
・いろいろな作品を鑑賞する経験を重ね、作品のよさや美しさを感じることができる。
※キャリアの視点…自己表現、自己理解

〈単元／題材の目標〉
・道具の正しい扱い方を知り、教師と一緒に確認して安全に使うことができる。（知識・技能）
・作りたい作品に合わせて材料や道具を選び、作品を作ることができる。（思考・判断・表現）
・友達の作品を鑑賞し、思ったこと感じたことを伝えることができる。（主体的に取り組む態度）
※キャリアの視点…自己表現、自己理解

〈他教科・領域または学習指導部との関連〉

＜国語＞
「物語を読んで感想を発表しよう」

＜職業＞
「メモを活用しよう」
「こんな時どうする」

＜日常生活の指導＞
「帰りの会」
・今日の一言感想文を書く。

＜道徳＞
「自分データをつくろう」
「他己紹介をしよう」

＜美術＞
「色紙でアートを作ろう」

＜自立活動＞
「自己理解を深めよう」

＜生活単元学習＞
「季節の飾りを作ろう」　・折り紙やはさみを使って作る。
「修学旅行に行こう」　・調べたことを模造紙にまとめ、発表する。

資料「事例シート」の例

２．「本人の願い」の大切さ

　２年次までの研究の取組において、教員が授業に対する「なぜ・なんのために」を明確にするという意識は向上したが、児童生徒が学ぶ意味や必然性について認識できているかは不明確な部分があった。教員のアンケート結果からも、「児童生徒の思いをどのように汲み取り、授業に反映させていけば良いのか」という課題が見受けられていた。

　そこで、「生涯にわたり地域と共に生活していくために〜自立と社会参加に向けて、地域の役割、家庭の役割〜」をテーマとして全体研修会を実施した。キャリア教育研究協議会委員の松橋氏（ふる里学舎）や卒業生の保護者から講話を頂き、卒業後の子どもたちが受けられる地域の支援や生活の様子、卒業前に準備しておくべきことなどについて知ることができた。「本人はどうしたいと思っているのか」を確認したり、考えたりしながら本

人主体で物事を進めていくことの重要性を学び、本人の願いの大切さについて教員や保護者等と共通理解を図ることができた。

3．PATH（Planning Alternative Tomorrows with Hope）について

　3年次の全体研修会において、キャリア教育の中核ともいえる「本人の願い」について菊地先生に講話を頂いた。「すべての児童生徒には夢（願い）があり、児童生徒の言葉の背景にあるものやよさ、長所から夢（願い）を考える」こと、「夢に向かいチャレンジすることで身に付く力があり、『できる・できない』を児童生徒が実感することで、方向を見出したり、変化したりするもの」であることを学んだ。

＜PATH＞とは（講話から学んだことを抜粋して記載）

　課題解決に向けたチームアプローチの1つであり、児童生徒の将来の「幸せの一番星」を検討するとともに、そのために必要となる支援等を具体化しながら考える事例検討法。PATHの演習には、①「夢」や「希望」を大切にすることの意義を理解できる、②本人の「夢」や「希望」を踏まえ、その実現に向けた支援方策を検討するための手法を理解できる、③支援目的を共有することで協働の心地よさを感じられる、という効果がある。

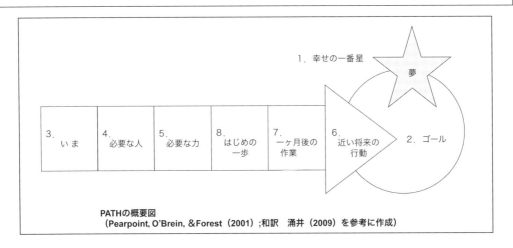

PATHの概要図
（Pearpoint, O'Brein, &Forest（2001）;和訳　涌井（2009）を参考に作成）

4．PATHの演習

　講話では「本人の願い」を把握する取組としてPATHという手法について学んだことから、希望研修としてPATHの演習を行った。

実施日：2019年9月3・4・6日　参加者：本校教員31名

＜演習内容＞
①事前に研究部が作成したPATHシートを例に、演習の進め方を説明
②事例児に日常から関わりの深い教員でグループを構成し、願い（ゴール）を設定
③現在の事例児の様子からゴールへ向かって、必要な人・環境・力・学習内容、自分たちにできる支援について話し合い、内容を記入
④グループごとに出来上がったシートを発表

（1）参加者の感想

　参加者からは、以下の感想が挙げられた。

・「本人の願い」から支援を考えることで、学ぶことと児童生徒の自己実現とはつながっているということに気付けた。

・個別の教育支援計画の「本人の願い」等の記入について悩んでいたが、この研修により捉え直すきっかけとなった。

・多数で意見を出し合い、多面的に児童生徒のことを考えていく大切さについて知ることができた。

（2）成果

　本取組をとおして「本人の願い」から支援方法や指導内容について考えることにより、柔軟な発想ができ、教員間での意見交換が活発になり、組織力の向上につながった。また、PATHの研修をとおして、多くの教員が「本人の願い」について前向きに捉えられるようになり、「本人の願い」を実現するために「何を」「どのように」したら良いかを意識し、授業の計画や振り返りなどを行うようになった。さらには、基礎的・汎用的能力の項目ごとに内容を分類することにより、キャリア教育の視点を意識することができた、などの成果が挙げられた。

（3）課題

　「本人の願い」が曖昧でゴールの設定が具体的でなかった場合、抽象的な話し合いになってしまうことがあったため、教師が児童生徒の「こうなりたい」「こうしたい」といった思いや願いについて日頃から意識し、気付けるようにしておく必要がある。特に言葉でのコミュニケーションが困難な児童生徒の願いを捉えるには、教員の関わり方や児童生徒の行動から思いを観察するスキル等、専門性の向上が求められる。また、シートの作成には時間がかかるため、どの時期に、どんなメンバーで作成し、どのような支援場面に振り分けていくのかについて検討する必要がある、などの課題が挙げられた。

　「大きくなったらベンツに乗りたい。先生も乗せてあげるね」と話してくれたAさん。Aさんの幸せの一番星を「ベンツに乗りたい」と設定してPATHの演習を行い、さらに「本人の願い」を具体化するために「本人の願いを支えるシート（国立特別支援教育総合研究所，2010）」を活用しました。Aさんがどのような思いや背景で「ベンツに乗りたい」と発言したのかを話し合い、「誰かに喜んでほしい」「かっこよくなりたい」「みんなに注目されたい」などの思いがあるのではないかと考えました。高等部3年生の姿を「運動会の応援団長になりたい」、3年後（5年生）の姿を「学級委員長（リーダー）になりたい」と設定し、3年後の姿をイメージした時に、今できることは何かを話し合い、基礎的・汎用的能力の4観点に分けて、具体的な支援内容を考えて実践しました。

○友達や教員と関わったり、協力したりしながら活動できるような機会の設定。（人間関係形成・社会形成能力）

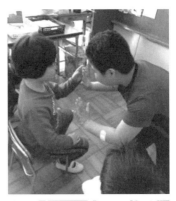

　朝の会の呼名で、日直が友達の名前を呼び、呼ばれた人は日直にハイタッチをする活動を取り入れました。最初は友達の前に立ってハイタッチをしようとしていましたが、友達がハイタッチしやすくするためには、友達に目線を合わせることが大切だと気付き、体勢を低くしたり、友達がハイタッチするまで待ったりする姿が見られました。

○帰りの会で、取り組んだことや楽しかったことなど活動を振り返る時間の設定。（課題対応能力）

　帰りの会の「一日を振り返って」では、その日の学習や気持ちなどを表すカードを提示することで発表しやすくしました。最初は、学習カードと気持ちカードを指さして「体育、楽しかったです」と答えていましたが、教員が「体育でどんなことをしたの？」と問いかけるようにしたことで、次第に「体育、リレーで一番になった、嬉しかったです」と具体的に話す姿が増えました。

　さらに、気持ちの切り替えに時間が必要なAさんでしたが、「リーダーはみんなのお手本だよ」と教員が言葉をかけると、「僕はリーダーだから」と言って、朝の会や帰りの会、授業が始まる前に誰よりも早く着席する様子が見られました。また、友達に順番を譲ったり優しくしたりするなど学級のリーダーという自覚をもって取り組む姿が増えました。

「本人の願いを支えるシート」
－千葉県立夷隅特別支援学校－

<本人の願い>

学級委員長（リーダー）になりたい。（３年後）

<保護者の願い>
- 時間通りに行動できるようになってほしい。
- 気持ちの折り合いがつけられるようになってほしい。
- ルールやマナーを守れるようになってほしい。
- 集団行動ができるようになってほしい。
- はっきりとした発音ができるようになってほしい。

<教師の願い>
- 集団行動に慣れ、一日の流れや友達に合わせて行動できるようになってほしい。
- 気持ちの切り替えが早くなってほしい。
- 友達や教師とたくさん関わり、適切な関わり方を身に付けてほしい。
- 苦手なことにも取り組めるようになってほしい。
- 自分の気持ちを言葉で伝えられるようになってほしい。（特に困ったとき）

【人間関係形成・社会形成能力】
- 自分の思いや意見を適切に表現するように、受け止めたり代弁したりする。
- 友達や教師と関わったり、協力したりしながら活動できるように、機会を設定する。（日生・生単・自活）
- 給食・献立係として、友達に好きなものを尋ねる場面を設ける。（日生）

【自己理解・自己管理能力】
- 自分のことを自分でできるように、段階的に目標を設定し取り組む。（日生・国算）

【　支援の目標　】
- 見通しをもって、落ち着いて過ごせるようにする。
- 友達と関わりながら学校生活を過ごせるようにする。
- 日常生活においてできることを増やす。
- コミュニケーション意欲を高める。

【課題対応能力】
- 生活、活動、行事の流れを理解し、大まかな理解をもって生活できるように、活動表を掲示する。（日生・生単・特活）
- 帰りの会で、取り組んだことや楽しかったことなど、活動を振り返る時間を設ける。（日生）

【キャリアプランニング能力】
- 日直の仕事に見通しをもち、最後までできるように、児童が活用できる進行表を用意する。（日生）
- 並んで歩くことができるように、はじめに順番を確認する。（日生、体育、自活）

資料　本人の願いを支えるシート
（日生：日常生活の指導、生単：生活単元学習、自活：自立活動、国算：国語・算数）

　Bさんは明るく元気で友達と遊ぶことが大好きな、人懐っこい児童です。何ごとも進んで取り組み、友達がパズルやボールで遊んでいるのを見ると、一緒に遊ぼうとする様子が見られます。

　Bさんの幸せの一番星を、将来の夢である「タクシーの運転手になりたい」と設定し、PATH演習を行いました。必要な力として「コミュニケーションがとれる」「文字・数の力をつける（読む・書く・お金の計算等）」を目標として設定しました。また近い将来である1年後には、「簡単な文が読める」「ランニングで時間いっぱい走ることができる」「大事なことを聞き取ることができる」等の目標を立てて関わる教員間で共通理解を図り、日頃の指導・支援に当たることにしました。

　Bさんは、国語で本読みやカタカナの書きとりの練習、算数では10までの合成・分解の学習をしています。毎日学習を積み重ねる中で、分かることが増えて意欲的に学習に取り組んだり、授業前になると「先生、やろう」と自分から学習の準備をしたりするなど、国語・算数への取り組み方に変化を感じました。ランニングは担任が伴走し、毎回一緒に振り返っています。時間いっぱい走り続けたことやいつもより走った周が多いことなど、その日Bさんが頑張ったことを伝えると、「今日はランニング頑張ったよ」「ぼく○周走った」と嬉しそうに周りの教員に伝えに行き、自分の頑張りを実感している姿が見られました。

　このように実践を続けて半年たった現在では、文字や数についての力が高まり、ランニングについては一定の速さで時間いっぱい継続して走ることができるようになりました。

　PATHの図を作成することで、いつも児童の将来が頭に浮かび、どのような力が必要か常に考えながら支援するようになりました。また、関わりのある教員同士で児童の将来の姿や指導・支援方法を共有することができ、児童の将来の夢の実現に近付くためには、どんな力が必要かを考えることができました。将来を見据えた支援を続けることにより、児童も生き生きと生活することができていくと考えています。

7 教員のキャリア発達と組織作り

1．教員のキャリア発達とは

　ドナルド．E．スーパーが提唱した「ライフキャリアの虹」から、人間は生まれてから死ぬまでキャリア発達していることが分かる（図1）。その考えを踏まえると、教員も学校という職場の中でキャリア発達していることになる。

　教員のキャリア発達とは、「『学校』という職場を中心に自分の役割を果たしながら、自分らしい生き方を実現していく過程のこと」と言える。そのキャリア発達を促すために本校では、キャリア教育と学校経営を結び付けて実践している。図2は、本校におけるキャリア教育と学校経営のイメージである。児童生徒に対するキャリア教育を実践すれば、児童生徒はキャリア発達する。キャリア教育の実践研究を進めることにより児童生徒のキャリア発達支援は充実していく。研究が深まれば、児童生徒のキャリア発達と共に教員のキャリア発達も促進すると考えている。

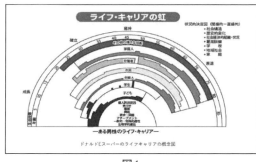

図1

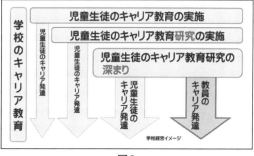

図2

　このイメージに基づき、学校組織としてキャリア教育を推進するために、学校経営の重点目標の一つにキャリア教育を位置付けた。すべての教育活動を教員がキャリア発達の視点で捉えるようにすることで、児童生徒のキャリア発達を促すとともに、指導内容・方法の充実が教員のキャリア発達につながると考えている（図3）。

　教員のキャリア発達についてもう少し詳しく説明する。児童生徒の願いの実現に向けた指導・支援の工夫ができるようになることが第一段階である。「児童生徒の願いの実現に向けた工夫が、できたかできなかったか」は誰からも分かりやすく、教員も気付きやすい。

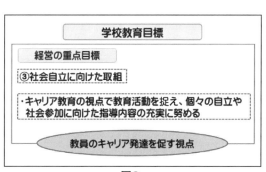

図3

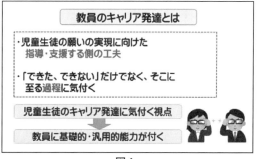

図4

しかし、教員がそこに至るまでの児童生徒の小さな変化に気付く力や、次のステップに進むために工夫することはさらに高い専門性を要し、教員のキャリア発達の第二段階と捉えている（図4）。

教員もキャリア発達していくことで、「基礎的・汎用的能力」が高まると考えている。児童生徒のための「基礎的・汎用的能力」と同様である（図5）。

「基礎的・汎用的能力」
1　人間関係形成・社会形成能力
2　自己理解・自己管理能力
3　課題対応能力
4　キャリアプランニング能力

図5

2．教員の基礎的・汎用的能力

教員の基礎的・汎用的能力についてまとめると以下のようなものになると考える。

基礎的・汎用的能力	簡単にまとめるとこんな力	具体的な力	校内で発揮される場面
人間関係形成・社会形成能力	社会との関わりの中で生活し、仕事をしていく上で基礎となる力	○コミュニケーションスキル ○チームワークによる業務推進能力 ○リーダーシップ	○授業（T・T含む） ○学部会 ○分掌会議 ○各種委員会 ○指導案検討会
自己理解・社会形成能力	「やればできる」と考えて行動できる力	○自己の役割を理解し、前向きに考える力 ○自己の動機付けを高めるとともにストレスマネジメントができる力 ○主体的に行動する力	○授業 ○学部会 ○分掌会議 ○指導案検討会
課題対応能力	意欲的に取り組むために必要で、従来の考え方・方法に捉われずに前に進んでいく力	○情報の理解・選択・処理 ○本質の理解　○原因の追究 ○計画立案　○実行力 ○評価・改善する力	○授業 ○分掌会議 ○指導案検討会 ○行事実行委員会
キャリアプランニング能力	社会人・職業人として生活していくために生涯にわたって必要となる力	○自分の将来設計 ○選択・行動の改善	○授業（進路指導） ○学校運営全般 ○進路指導委員会 ○個別の教育支援計画

3．教員のキャリア発達の例

本校において、教員の4つの基礎的・汎用的能力を育てるために実施した内容と成果について述べる。

（1）人間関係形成・社会形成能力

各部会等の校務分掌会議を充実させることにより、学部ごとの「キャリア教育」に関する考えの違いから学校全体として「多様な考え方、発達段階」が意識できた。学校の中で、目の前の児童生徒に対する現在自分の担当している段階が分かり、卒業後の子どもへの影響を感じた教員が多くいた。他学部の教員と話し合うことにより、コミュニケーションスキルの向上、学部を越えたチームワークで業務推進、リーダーシップを感じる

ことができた教員もいる。

　校内の他学部体験研修の実施では、一日をとおしてすべての活動に入ることにした。チーム・ティーチングの一員として授業に参加することにより、学部間の違いを感じながら、コミュニケーションスキルの向上を図ることができた。

（2）自己理解・自己管理能力

　授業研究会の活性化を図るため、授業前にも十分な話し合いをもち、授業後はすべての教員が授業の様子を撮影したビデオを見てから授業研究会に参加するようにした。協議では、キャリア発達の視点を踏まえ、学部縦割り、異年齢層のグループで話し合いをもつようにした。また、客観性をもたせるためにＫＪ法®を活用してまとめることにした。ＫＪ法®の活用に当たっては、教員が講師を探し、講習会を企画・実施することができた（課題対応能力）。授業研究会は、話し合いの焦点化により積極的な意見が多く出るようになり、新たな気付きや学びが発見でき、授業者だけでなく、全員が授業に対する意見をもてるようになるなど、主体的な関わりの向上を感じた。

　本校のキャリア教育部会では、一人で自分から掃除に取り組める子どもを目指している。小学部では自分から掃除ができた児童を「おそうじキング」として、表彰する。中学部ではきれいにしたい気持ちが育った生徒を「おそうじクエスト」として表彰する。クエストは若い教員のアイデアか

大阪北部地震募金の様子

ら出ている。高等部では、本県の県立特別支援学校の清掃検定に準じて、検定を行う。合格した生徒は、近隣施設の清掃活動も行っている。取組のねらいは、清掃検定だけに目を向けるのではなく、小学部段階から掃除の大切さや掃除を好きになる気持ちを育てることを心がけることである。この例は、少人数のキャリア教育部会の意見から学校全体へと広がり実現したものである。

（3）課題対応能力

　関西方面への高等部修学旅行の４週間前に大阪北部地震があった。校長として実施することを迷っていた時期に、児童生徒会の担当者から募金の話が出た。子どもたちと話し合う中で、募金をして直接大阪に持っていきたいという意見が高等部３年生から出され、実施することに決定した。

　この募金の輪は、PTA、同窓会まで広がった。高等部の販売会では地域住民にも協力を呼びかけた。すると、６万円もの寄付が集まり、修学旅行コースを少し変更して、大阪府庁を訪問先に加え、直接福祉部長さんに手渡すこととなった。

　教員が思っていた以上に満足した生徒の表情から、キャリア発達を感じることができた。また、募金の手はず、コース変更、府庁での時間合わせ等、いろいろ交渉することが増えたため、結果として情報の理解・選択・処理、計画立案、実行力など関わる教員の資質・

能力の向上とキャリア発達も見られた。実施後、大阪府知事から頂いたお礼の手紙を生徒と共に教員も喜んでいた。

（4）キャリアプランニング能力
①研修会

研究1年次の終了時（2017年12月）アンケートでは、開始時（2017年5月）のアンケートと比較して、キャリアプランニング能力の項目だけが理解の変化が見られなかった（図6）。

そこで、教員のキャリアプランニング能力の向上を図るために研修会を企画した。まず教員が自分自身のキャリアプランニング能力を理解し、向上を図ることが必要と考えた。

この研修会の講師は校長が務めた。研修会では自分の教員人生について振り返りこれから先のことを考えるものとした。学級担任を続けながら研修に出る機会があること、また、教諭と管理職の職種の違いや職場の違いなどについて、本校の経験者から話を聞く機会を設けた（図7）。

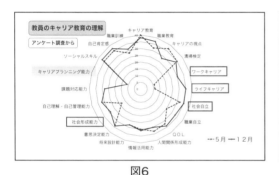

図6

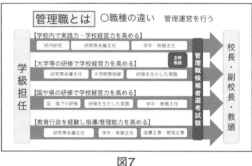

図7

また、順調に見えるキャリアでも、時期によってはキャリアプラトーと言われる停滞期があることを学んだ。30代前半と40代半ばに大きな転機があり、組織内でおかれる立場や仕事上の期待される質が今までと同一でなくなり、その段階で自分から意識や行動を変化させないと成長が止まること（キャリアプラトー）が分かった（図8）。

研修会では、自分のことを客観的に理解し、今後の確かなキャリアデザインを描くために話し合いをもった。年齢に関係なくそれぞれの強みと弱みについてグループ内で助言し合い、話し合いはとても充実していた（図9）。

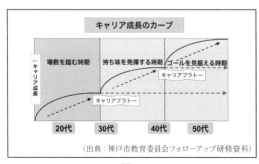

図8

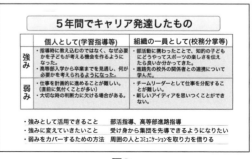

図9

終了後のアンケートでは、「教員になって初めて今後の教員人生を考える機会だった」という意見があった。「主体的に判断して、自分のキャリアをデザインするキャリアプランニング能力は、教員として生涯必要な力であることが理解できた」という意見が多かった。「今までこのような研修会を実施していなかったため、新鮮」と感じた教員もいた。「先輩教員のいろいろな場所での仕事について聞いたことが、主体的なキャリア発達につながった」という感想や、「自分の持ち味を分析したことで、他人から気付かなかった強みを教えられ自信がついた」という感想も見られた。

この研修会からは、教員は放っておいても自然にキャリア発達する訳ではないことが分かった。教員にも学校という毎日働いている場で、キャリアプランニングできる機会を設定する必要性を感じた。研修会をとおしてそれぞれ感じたものは、今後、様々な場面で、自己の役割を理解する助けになると考える。教員が自身の人生をキャリアプランニングできるようになれば、子どもたちのキャリアプランニング能力にも影響し、大きく変化するだろう。

②他学部体験研修

指導経験のない学部で、教員が一日体験研修を行った。研修は、登校から下校まで一日をとおして学級に入り、児童生徒の学習の様子や教員の支援等について学んだ。

アンケートからは、現在担当の学部の前後が分かり、児童生徒がキャリア発達する前や今後の姿が想定でき、キャリアプランニングする際の参考になったことが大きな成果であったことが把握できた。他にもできないことや難しいことばかりに目を向けるのではなく、好きなことや得意なことを伸ばし、やりたいと思える気持ちを育てることの大切さを学び、自分の指導・支援を見直した教員もいた。また、学部間のつながりを意識して取り組む教員もいた。

③教員に対する進路学習・進路先見学

夏季休業中に教員を対象とした進路先見学研修を実施し、高等部卒業生の進路先を訪問し実際に働いている姿を見学した。小学部の担任は、高等部卒業後の姿を想像することはなかなか難しい。想像していたものと異なり、進路についての専門的な知識の必要性を感じた教員がいた。限られた進路担当者が将来のことを理解しているだけでは不十分である。小学部、中学部段階から卒業後の姿を見据えたキャリア教育が必要である。多くの教員が卒業後のイメージをもって指導できるようになるために、進路指導・進路学習・進路先見学は有効であった。

4．組織づくり

学校経営に「教員のキャリア発達」を位置付けることにより、組織が変化した。キャリア教育を子どもたちに実施するために教員自身が資質・能力を高めることが教員のキャリア発達につながるが、教員が身に付けた能力の中には、組織づくりに必要なものが多くあった。

学年としては、リーダーシップをとれる教員が他の教員と協力して子どものキャリア発達を目指し、人間関係形成・社会形成能力を発揮して修学旅行の行き先変更に尽力したり、産業医から指摘のあった校内の危険個所に課題対応能力を発揮して、卒業制作としてコンクリート平板での修理を行ったりした。

　学部としては、自己理解・自己管理能力を発揮した教員からの提案で、いすみ市のプロジェクトに参加することができた。児童生徒の参加方法等は教員が十分に考えたものであり、生徒自身がキャリア発達を意識できるように田植え、種まき、洗米など実際に参加できるものであった。

　授業研究会では、これまで学部内でよく話し合っていたので、授業を実施した学部の教員は、全員が自身が研究授業を行ったような気持ちで協議に臨むことができた(チームワークによる業務推進能力)。教員のアンケートでは、「授業研究会に対し、前向きに考えられるようになった」という意見が多くあった。「他学部からの意見が新鮮で協議に積極的に取り組めた」という意見もあった。授業研究会に積極的、主体的に参加することは、自己の動機付けになり、自分の考えをより深め、肯定的な自己理解につながった。また、率直な意見を出し合うことにより、「授業研究会に参加することが楽しくなった」という意見も見られた。授業研究会の授業者には、授業を他者に見られるというプレッシャーがかかる。しかし、自分の考えをもち積極的に取り組むことは、ストレスマネジメントに有効であることに気付いた。

　学校としては、授業研究会を行う際に、他学部の授業でコミュニケーションスキルを身に付けた教員が授業前の話し合いから参加し、授業後の話し合いにも自分の意見をもって参加することはとても有意義であり、組織全体のスキルの向上が見られた。

　教員向けの進路見学会に参加し、卒業生の姿を見て、今担当している小学部の児童のもっと先を見て「今、やること」を考え、周りに声をかけて組織的に行動した教員がいた。「やればできる」という思いが、自己理解・自己管理能力を育み行動に結び付いていると捉えられた。

　他学部体験研修では、高等部で、苦手なことを友達同士で積極的に助け合っている場面を見た小学部の教員が、小学部段階ですべて自分ができなくても、周りからの助けを求めることの大切さを学んでいた。高等部の教員が小学部に行き、教員同士のコミュニケーションの大切さを学び、小学部で取り組んでいることで、高等部でできないこと、また、小学部と全く同じことをやっていてはまずいと気付いたことなどがあった。これらは、学校としての統一性がとれた良い例である。

　教員のキャリア発達を促す取組が充実することにより、学校という組織が強固になり、組織自体も発展していくことが見えた。

第2章	「キャリア発達を支援する」授業づくりの実際
	－小中高等部の「学び」をつなぐ－

1	小学部の実践	＊生活単元学習①
		ようこそ！「おさかなワールド」へ

１．単元について

（1）実態について

　本学級は、4、5、6年生4名の男児が在籍しており、毎年文化祭に向けて、自分たちで遊び場を装飾して友達や教員と一緒に遊ぶ経験を積み重ねてきた。文化祭当日には、家族や地域の方を招き、一緒に遊びを楽しむ姿が見られた。また、近隣小学校との交流会では、自分たちで制作した絵合わせカードゲームで一緒に遊び、児童の中には、小学校の友達に「楽しかった」と言われ、「また一緒に遊びたいな」と次の交流会を楽しみにする姿が見られた。

　これまでの経験から、自分たちの楽しみを周りの人に伝えたいという気持ちが育まれてきている。このような児童の実態を踏まえ、遊びをとおして、身近な友達や教員と関わる中で、自分の取組や楽しみを相手に伝える姿が大切であると考えた。

（2）単元の概要

　本単元は、自分たちの遊び場で様々な遊具を巡って遊ぶものである。遊び場は「たき」に見立てた滑り台と水に見立てたボールの「いけ」を中心に配置する。「いけ」の周辺には、ボールや「さかな」を使って遊ぶことができる遊具や友達と場を共有して遊ぶことができる遊具を設置し、児童が自分で遊び方を工夫したり、友達や教員と関わりながら遊んだりできるようにした。

　自分たちの遊び場で十分に遊んだ単元中盤には、他学級の友達を招待して一緒に遊ぶ機会を設定した。招待することに向けて招待状の作成や遊び場への案内を行い、招待するこ

「おさかなワールド」の全体図

ぼくたちの「おさかなワールド」へ遊びにきてください！

とに期待感をもったり、友達を意識したりして取り組めるようにした。

　本単元をとおして、身近な友達や教員と共に遊ぶ楽しさを味わうとともに、自分たちの活動を身近な友達や教員に伝えて認めてもらったり、喜んでもらったりする経験をとおして、自己肯定感を高め、自信をもって取り組もうとする姿につながると考えた。

2．単元の目標　【育成を目指す資質・能力を踏まえた3観点】(基礎的・汎用的能力)

・繰り返し遊ぶ中で、自分から様々な遊具を巡ったり、遊び方を工夫したりしながら遊びを発展させることができる。【思・判・表】【学】（自己理解・自己管理能力）
・相手に声をかけたり、相手の働きかけを受け入れたりして、友達や教員と関わりながら遊ぶことができる。【学】（人間関係形成・社会形成能力）
・「友達を招待する」ことを楽しみにし、相手を意識しながら活動に取り組むことができる【知・技】（自己理解・自己管理能力）

3．単元の計画

日程	学習内容	
6／17（月）	「おさかなワールド」で遊ぶ	さかなの制作（PM生単）
18（火）	遊具「アシカくん」登場	
19（水）	遊具「つりぶね」登場	さかなの制作（PM生単）
20（木）		
21（金）	遊具「たこシューティング」登場	招待状の作成（国語・算数）
24（月）	遊具「ベルーガくん」登場	招待状の作成（国語・算数）
26（水）	遊具「ボールコロコロ」登場	看板の制作と設置（PM生単）
27（木）	☆3年生1組を招待①	
28（金）		招待状の作成（国語・算数）
7／1（月）	☆1，2年生1組を招待①	
2（火）		
3（水）	☆3，4，5年生2組を招待①	招待状の作成（国語・算数）
4（木）		
5（金）	☆3年生1組を招待②	
8（月）	☆1，2年生1組を招待②	
9（火）	☆3，4，5年2組を招待②	
10（水）		
12（金）	↓	

4．期待するキャリア発達の姿と支援の手立ての工夫

期待するキャリア発達の姿	キャリア発達を支援する手立て
〈向き合い方の変化〉 ・遊びを工夫し発展させていく中で、自分の遊びに自信をもって友達や教員に伝えようとする姿	・児童の遊び方を共感し、児童の遊びのイメージを大切にしながら言葉をかけたり一緒に遊んだりする。 ・自分の遊びに自信がもてるように、工夫して遊んでいる姿を具体的に伝えて称賛したり、周りの友達や教員に紹介したりする。 ・友達の様子を具体的に伝えて注目できるようにしたり、友達と遊びを共有できるように誘ったりする。
〈身に付けた力の活用〉 ・自分の活動に価値を見出し、自信をもって取り組む姿	

5．結果　〜「キャリア発達するための手立ての観点」より〜

（1）単元の評価

①物的環境

　児童の経験や興味・関心を考慮した遊具を用意することにより、自分から好きな遊びを見つけて遊びに向かうことができた。

　具体的には、児童の遊びの様子や「こうしたい」という言葉から、ボールをたくさん入れることができるバケツや様々な種類のボールなど新しい道具を加えることにより、道具を活用した遊び方が工夫されて児童の遊びに広がりが見られた。また、「いけ」と「たき」の場を広く設定することにより、遊びを共有することができ、児童同士が自然と関わり合う姿が見られた。さらには、どの場所からも遊び場を見渡せるように遊具を設置することで、友達が遊んでいる姿に気付き、友達の真似をしたり自分から友達の遊びに加わろうとしたりする姿が見られた。

友達と一緒に乗ると楽しい　　　　　　　ボールがフワフワ浮いておもしろい!

②人的環境

　ペアの友達を決めて「おさかなワールド」までの行き帰りに手をつないで案内することにより、自分から手をつなぐことや友達と歩くペースを合わせること、「終わりの時間だよ」と声をかけることなど、相手を意識して関わることができた。また、招待した友達と遊ぶことにより、新たな遊び方を発見し、自分の遊び方を発展させる姿が見られた。

一緒に「おさかなワールド」まで行こう!
〜友達のペースに合わせて〜

③単元計画の工夫

　各学級2～3回ずつ招待する計画としたことにより、招待を繰り返す中で、「明日は1、2年生と一緒に遊ぶ日だ」「月曜日にまた3年生と遊べる」と他学級の友達と一緒に遊ぶことを楽しみにする姿が見られた。

（2）単元をとおして見られたキャリア発達の姿
①単元計画の工夫・人的環境

　招待した友達が遊び方が分からず困っている時に、ボールを置くことやスイッチを押すことなど遊び方の手本を示す姿や、友達が遊んでいるところへ加わってボールを渡したり、バケツを持ってあげたりして、遊んでいる友達を手伝う姿が見られた。

みてみて!アシカくんの鼻にボールを置くと、浮いておもしろいよ!

たこシューティングに一緒にボールを入れよう!

②思考できる場面の設定

　活動後や帰りの会の振り返りでは、単元前半は「○○が楽しかった」と自分が遊んだことについて話していたが、単元後半では「○○くんと一緒に遊んで楽しかった」「また○○くんと一緒にボールで遊びたい」といった友達と遊んだことついて嬉しそうに話す姿が増えた。

③人的環境・物的環境

　好きな遊び方に「ビーチボールだいこ」や「ドッキリ」と自分で名前を付けて自信をもって遊ぶ姿が見ら

バケツにボールを入れて、滑り台の上からジャジャーン!「ドッキリ」大成功!

れた。また、単元後半には自信のある遊びに自分から「先生、○○で一緒に遊ぼう」と教員を誘う姿が増えた。

6．成果と課題
（1）成果

　遊びの中での児童の様子や「こうしたい」という言葉から教員間で話し合い、遊具の改良や道具の追加をすることにより、児童の遊び方に様々な工夫が見られた。児童の遊

ぶ姿を見取り、教員間で共有して改善を重ねることによって、児童同士の関わりや遊び方の発展につながったと考える。

　また、単元後半では自分の好きな遊びに自分から教員を誘う姿が見られた。教員から遊び方を褒められたり、周りの友達に遊び方を紹介したりするなど自分の遊びを認めてもらうという経験をとおして、自分の遊びに自信をもつことができ、自分から誘う姿につながったのではないかと考える。

（2）課題

　単元後半に児童が自分の好きな遊びを教員に伝える姿が見られたが、招待した友達までには至らなかった。今回4、5、6年生だけで遊ぶ期間が短かったため、友達を招待する時期については児童が十分に遊び込んだ後に設定することで、遊びに満足するとともに、自信をもつことができ、相手に伝える姿につながるのではないかと考える。

　また、友達の遊ぶ姿には気付くことができたが、友達が楽しむ姿や喜ぶ姿については気付きにくかったようであった。写真や動画を活用して客観的に振り返る機会を設けることにより、相手の表情や動きを捉えやすくなり、楽しんでもらったり、喜んでもらったりしていることを実感できるのではないかと考える。

学習指導要領の内容との関連＜生活単元学習＞

単元名	ようこそ！「おさかなワールド」へ
生　活	1段階 エ　遊び　自分で好きな遊びをすること （イ）身の回りの遊びや遊び方について関心をもつこと。 オ　人との関わり　小さな集団での学習活動 （イ）身の回りの人との関わり方に関心をもつこと。 カ　役割　学級等の集団における役割 （イ）集団の中での役割に関心をもつこと。 2段階 エ　遊び　教師や友達と簡単な遊びをすること （ア）身近な遊びの中で、教師や友達と簡単なきまりのある遊びをしたり、遊びを工夫しようとしたりすること。
国　語	1段階〔知識及び技能〕 イ　我が国の言語文化 （イ）遊びを通して、言葉のもつ楽しさに触れること。 2段階〔知識及び技能〕 ア　言葉の特徴や使い方 （ウ）身近な人との会話を通して、物の名前や動作など、いろいろな言葉の種類に触れること。
算　数	1段階A数量の基礎 ア　具体物に関わる数学的活動（ア）〔知識及び技能〕 ㋐具体物に気付いて指を差したり、つかもうとしたり、目で追ったりすること。 ㋑目の前で隠されたものを探したり、身近にあるものや人の名を聞いて指を差したりすること。
音　楽	1段階B鑑賞ア音楽遊びの活動 （イ）聴こえてくる音や音楽に気付くこと。
図画工作	2段階A表現 ア　身近な出来事や思ったことを基に絵をかく、粘土で形をつくるなどの活動 （イ）身近な材料や用具を使い、かいたり、形をつくったりすること。
体　育	1段階Eボール遊び ア　教師と一緒に、ボールを使って楽しく体を動かすこと。

1．単元について

（1）実態について

　小学部普通学級は1〜6年生で13名である。これまで、「ようこそ！『おさかなワールド』へ」や「スマイルひろばであそぼう」で遊び場を展開し、友達や教員と一緒に遊ぶ経験を積み重ねてきた。「ようこそ！『おさかなワールド』へ」では、高学年が遊び場を展開し、他学級の友達を招待した。互いに一緒に遊ぶ楽しさを十分経験する中で、児童同士が遊びの中で自然に関わり合う姿やお互いに刺激を受けて遊びが発展する姿が見られた。その中で、高学年は招待した友達に遊び方の手本を示したり、自分の好きな遊びに教員を誘ったりする姿も見られた。また、「スマイルひろばであそぼう」では、小学部全体で遊び、好きな遊びを見つけたり、様々な遊具を巡ったりして楽しむ姿や、児童によっては「一緒に遊ぼう」と友達や教員を誘う姿も見られた。

　このような実態から、身近な人と一緒に遊ぶことをとおして、人と関わることの楽しさや相手に自分の活動を認めてもらう喜びを感じられるのではないかと考えた。

（2）単元の概要

　本単元は、小学部全体が遊び場に集い、一緒に遊ぶものである。ジャングルをイメージした遊び場を展開し、児童にとって分かりやすく、興味関心のある、動物や植物をモチーフとした遊具を設置した。

　自分たちの遊び場で十分に遊んだ単元後半からは、家族や地域の小学生を招待して一緒に遊ぶ機会を設定した。また、教室の壁面には自分の好きな遊具やお気に入りの遊び方を紹介するコーナーを設けることにより、自分たちがこれまで遊んできた遊び場や遊び方に自信をもち、手本を示したり、自分のお気に入りの遊びを伝えたりできるようにした。

　本単元をとおして、様々な人と関わることの楽しさを感じて積極的に関わる姿を引き出したいと考えた。また、自分のお気に入りの遊びを伝えていく中で、多くの人に楽しんで

遊び場「ぼうけんジャングル」

友達と一緒に遊べる「ジャングルクルーズ」

もらえたことや喜んでもらえたことを実感し、自分のよさに気付いて意欲的に活動に取り組む姿へつながると考えた。

2．単元の目標　【育成を目指す資質・能力を踏まえた3観点】（基礎的・汎用的能力）

・自分から遊具を巡って遊んだり、より遊びを豊かにするために遊びを工夫し発展させたりすることができる。【知・技】（自己理解・自己管理能力）
・一緒に遊ぶことの楽しさに気付き、自分から相手に関わったり、相手の働きかけを受け入れたりすることができる。【学】（人間関係形成・社会形成能力）
・自分の遊びに自信をもち、お気に入りの遊具や遊び方を発信したり、相手の遊びが豊かになるように主体的に働きかけたりすることができる。【思・判・表】（自己理解・自己管理能力）

3．単元の計画

日程	学習内容	
11／11（月）	導入	制作（PM生単）
12（火）	「ジャングル」で遊ぶ 遊具「サル山ゴリラ山」、「バナナの木」登場	
13（水）		制作（PM生単）
14（木）	遊具「ドキドキバナナ」登場	
15（金）		
18（月）	遊具「ジャングルクルーズ」登場	◇「ジャングルしんぶん」発行
19（火）		
20（水）		おすすめ紹介作り（PM生単）
21（木）	遊具「ゾウ池」登場	
22（金）	遊具「ワニ池」登場	◇「ジャングルしんぶん」発行
25（月）		おすすめ紹介作り（PM生単）
26（火）	遊具「ターザンロープ」登場	
27（水）		招待状の作成（PM生単）
28（木）		
29（金）		◇「ジャングルしんぶん」発行
12／2（月）		招待状の作成（PM生単）
3（火）		
4（水）	☆夷隅小学校3年生招待	
5（木）		
6（金）	▼ ☆家族招待	◇「ジャングルしんぶん」発行

４．期待するキャリア発達の姿と支援の手立ての工夫

期待するキャリア発達の姿	キャリア発達を支援する手立て
<向き合い方の変化> ・友達と一緒に遊びたいという気持ちをもち、自分で誘う姿。	・友達と複数人で協力したり、やりとりしたりできるように、遊び場の配置や遊具を工夫する。 ・友達に対して関心がもてるように、壁面の掲示物や「ジャングルしんぶん」を一緒に見て、友達の遊ぶ姿を知る機会を設ける。
<身に付けた力の活用> ・自分の思いや考えを他者に発信する姿。	・友達の遊び方に目を向けたり、友達と一緒に遊びたい気持ちをもてたりするように、どこからでも友達の姿が見えるように遊具の配置を工夫する。

５．結果　〜「キャリア発達するための手立ての観点」より〜

（１）単元の評価

①物的環境

　滑り台の幅を広くすることにより、友達と横並びになって「せーの」と一緒に滑ったり、船の大きさや数を工夫することで友達と一緒に乗ったりと複数人で関わりながら遊ぶことができた。また、「ジャングルクルーズ」や「ターザンロープ」などやりとりしながら遊ぶことができる遊具を設置することにより、２人で役割分担したり友達と協力したりしながら一緒に遊ぶことができた。

友達と役割分担して
「ボールが出てくるゾウ」

②人的環境

　友達と場を共有して遊ぶことにより、友達の遊び方を見て真似したり、友達の遊び方を参考に自分の遊びを発展させたりすることができた。また、滑り台で友達とぶつからないように間隔をあけて滑ったり、「ターザンロープ」の順番を守ったりなど、一緒に遊ぶ上でのきまりが自然とできていた。さらには、友達が楽しんでいる姿を見て、滑り台で背中を優しく押してあげたり、友達を乗せて船を引っ張ったりして、さらに楽しませようとする姿も見られた。

③単元計画の工夫

　小学部だけで遊ぶ期間を十分に確保することにより、招待した家族や近隣小学校の友達に、遊び方の手本を示したり自分の好きな遊びに誘って一緒に遊んだりする姿が見られた。

招待した家族を好きな遊びに誘い、
一緒にエンジョイ「ママも一緒にやろう!」

招待した近隣小学校の友達とバナナ屋さん
ごっこ「はい、どうぞ」

④思考できる場面の設定

　小学部の壁面や廊下に写真を活用して児童の遊ぶ姿や「ジャングルしんぶん」を常に掲示しておくことにより、自分の遊ぶ姿を振り返ることができた。また、「〇〇さんが楽

しそうに遊んでいるね」と友達の遊ぶ姿に気付き、「ぼくも○○くんみたいに遊びたい」など友達の姿に刺激を受けて遊びを発展させようとする姿が見られた。

⑤本人にとって分かりやすい評価

「ジャングルしんぶん」の中で遊びの姿を紹介したり、教員が一緒に写真を見ながら遊びの具体的な姿を称賛したりすることにより、自分の遊びを認められて嬉しそうな表情を浮かべたり、「明日もこれで遊ぶよ」と自分の遊びに自信をもったりする姿が見られた。

（2）単元をとおして見られたキャリア発達の姿

①物的環境・人的環境

友達や教員の手を引っ張って滑り台や船まで連れて行き、一緒に遊びたいという気持ちを表現する姿が見られた。また、これまでは一人または教員と一緒に船で遊ぶことを好んでいた児童が「○○くん、乗っていいよ」と近くにいた友達を自分から誘う姿が見られた。

②単元計画の工夫・人的環境

遊び場で一緒に遊んだ友達に「一緒に帰ろう」と自分から誘い、手をつないで教室まで帰る姿が見られた。また、「明日も一緒に遊ぼうね」と約束をして次の日を楽しみにしていた。さらには、「ぼうけんジャングル」での遊びだけでなく、昼休みに自分から他学級の友達のもとへ行き、一緒に遊ぶことが増えた。

友達を誘って一緒に船で遊ぶ
「せーの！よいしょ、よいしょ」

一緒に遊んだ友達と教室まで帰ろう
「楽しかったねー」

6．成果と課題

（1）成果

これまで学級内で関わることの多かった児童が、この単元をとおして、昼休みに他学級へ遊びに行ったり、小学部全体での学習の時間に他学級の友達と一緒に活動したりと、学級の垣根を越えて関わり合う姿が増えた。友達と関わりながら遊ぶ中で、遊びの楽しさや満足感を味わうとともに、友達同士で共有することができたため、友達との関わりの広がりにつながったと考える。また、単元後半には、友達や招待した人に自分からお気に入りの遊びを紹介したり、誘って一緒に遊んだりする姿が増えた。友達や教員と一緒に十分に楽しんだ経験や「ジャングルしんぶん」等で称賛される経験をとおして、自分の遊びのよさに気付いて自信をもつことができ、遊びの楽しさや面白さをさらに自分から身近な人に発信する姿につながったと考える。

（2）課題

　児童が他者と関わりながら遊ぶ姿が多く見られたが、必然的に複数人で遊ぶものや相手がいないと遊びが成立しないものを用意することにより、児童同士の関わりがさらに発展したり、新たな関わり方が見えたりするのではないかと考える。

　また、家族や地域の小学生を招待する中で、高学年の児童から「中学部や高等部のお兄さんお姉さんも来てほしい」という声が挙がった。児童にとって身近な人とは誰か、自分たちの活動を共有・発信したいのは誰かを話し合い、小学部としての地域の捉えについて再検討していきたい。

学習指導要領の内容との関連＜生活単元学習＞

単元名	ぼうけんジャングル
生　活	2段階　エ遊び　教師や友達と簡単な遊びをすること ・身近な遊びの中で、教師や友達と簡単なきまりのある遊びをしたり、遊びを工夫しようとしたりすること。 カ役割　学級や学年、異年齢の集団等における役割 （イ）簡単な係活動などの役割について知ること。 3段階　エ遊び　日常生活の中での遊び （ア）日常生活の遊びで、友達と関わりをもち、きまりを守ったり、遊びを工夫し発展させたりして、仲良く遊ぼうとすること。 オ人との関わり　身近なことを教師や友達と話すこと。 （ア）身近な人と自分との関わりが分かり、一人で簡単な応対などをしようとすること。
国　語	2段階〔知識及び技能〕 ア　言葉の特徴や使い方 ・身近な人との会話を通して、物の名前や動作など、いろいろな言葉の種類に触れること。 B書くこと ア　経験したことのうち身近なことについて、写真などを手掛かりにして、伝えたいことを思い浮かべたり、選んだりすること。 3段階〔思考力、判断力、表現力等〕 A聞くこと・話すこと イ　経験したことを思い浮かべ、伝えたいことを考えること。 ウ　見聞きしたことなどのあらましや自分の気持ちなどについて思い付いたり、考えたりすること。 B書くこと ウ　見聞きしたり、経験したりしたことについて、簡単な語句や短い文を書くこと。
算　数	2段階A数と計算　ア10までの数の数え方や表し方、構成に関わる数学的活動 （ア）〔知識及び技能〕 ㋐ものとものとを対応させることによって、ものの個数を比べ、同等・多少が分かること。 ㋑ものの集まりと対応して、数詞が分かること。 ㋒ものの集まりや数詞と対応して数字が分かること。 ㋓個数を正しく数えたり書き表したりすること。 （イ）〔思考力、判断力、表現力〕 ㋐数詞と数字、ものとの関係に着目し、数の数え方や数の大きさの比べ方、表し方について考え、それらを学習や生活で興味をもって生かすこと。
音　楽	1段階 A表現　ア音楽遊びの活動 （ア）音や音楽遊びについての知識や技能を得たり生かしたりしながら、音や音楽を聴いて、自分なりに表そうとすること。 B鑑賞　ア音楽遊びの活動 （イ）聴こえてくる音や音楽に気付くこと。
図画工作	2段階A表現 ア　身近な出来事や思ったことを基に絵をかく、粘土で形をつくるなどの活動 ・身近な材料や用具を使い、かいたり、形をつくったりすること。 〔共通事項〕ア「A　表現」及び「B　鑑賞」の指導を通して身に付けること （イ）形や色などを基に、自分のイメージをもつこと。
体　育	1段階Eボール遊び イ　ボールを使って体を動かすことの楽しさや心地よさを表現すること。

Column
コラム

児童・生徒のキャリア発達エピソード①

　昼休みや遊びの学習の中でのCさんは、教員や友達の働きかけを受けて一緒に遊ぶ様子はありましたが、自分から友達を誘う様子は見られませんでした。9月の単元「スマイルひろばであそぼう」では、Cさんと一緒に遊んでいる時に、上級生が私に「先生、一緒に遊ぼう！」と言葉をかけてくれたことがありました。このやりとりを見ていたCさんは、「一緒に遊びたい時には『遊ぼう！』と声をかければ良いのか！」と気付き、自分から教員を誘う姿が増えていきました。

　そのため、11月の単元「ぼうけんジャングル」では、自分から友達を誘って一緒に遊ぶようになってほしいと考えました。単元前半は、「一緒に遊びたい友達は誰かな？」と聞くと、教員を指差すことが多くありました。その様子から、私は友達とは限定せずに教員を含むいろいろな人を誘って遊べるように支援していこうと考え、Cさんと一緒に遊ぶようにしました。関わりの深い担任を誘って一緒に遊ぶという経験を繰り返すうちに、自分から積極的に誘う姿が増えるとともに、担任から他学年の教員へと誘う人の幅が広がっていきました。

　単元の中盤、いつものように「ぼうけんジャングル」から教室に帰ってくると、黒板に貼ってある友達カードの前まで手を引かれることがありました。ある児童を指差したので、「一緒に遊びたいの？」と尋ねると「うん！」と返事が返ってきました。毎日遊ぶ中で、友達と一緒に遊びたいという気持ちが芽生えてきたと感じる出来事でした。また、帰りの会で遊具の写真カードと友達カードを使って振り返りをしていたことで「友達カードを使えば遊びたい友達を伝えられる」ということが分かったため、教員に自分の気持ちを伝えてくれたのではないかと感じました。遊び場でも、「遊びたい友達はいるかな？」と聞くと、指差しで遊びたい友達を教員に伝えるようになり、「じゃあ、一緒に○○くんを誘いに行こう」と伝えると、「うん！」と嬉しそうに言って教員と一緒にその友達を誘いに行くことが増えました。自分から友達を誘って一緒に遊べた時には、満面の笑顔で嬉しい気持ちを表現する姿が見られました。まだ一人で友達を誘うことは難しいですが、遊びたい友達がいるときに、自分から教員に誰と遊びたいのかを伝える姿が増えてきたことは、Cさんの大きな変化だと感じています。

　初めは、友達を誘って遊んでほしいという思いで支援していましたが、声をかけやすい身近な教員から誘うことで誰かと一緒に遊ぶことの楽しさや自分の気持ちを受け取ってもらえる喜びから自信につながり、見られた変化なのではないかと感じています。

　入学してきた頃の D さんは、生活の見通しをもつことが難しく、初めての活動に戸惑う姿や発する声が小さい様子が見られました。学級に少しずつ慣れてきた頃の 6 月、高学年から招待された単元「ようこそ！『おさかなワールド』へ」が初めての学級を超えての活動でした。遊び場に入った時は、何をどうして良いのか分からなく戸惑った様子で学級の友達や高学年が遊んでいる様子をじっと見ていましたが、しばらくすると自分から滑り台に向かい、高学年の遊び方を真似て滑り台を滑ったり、桶にボールを集めて滑り台の上からたくさんのボールを転がしたりして遊ぶ姿が見られました。

　11 月の単元「ぼうけんジャングル」の初日、D さんがどのような反応をするか見ていると、初めての遊び場にも関わらず「バナナだー」と言って設置してある木に駆け寄り、バナナをもぎ取って食べる真似をする姿が見られました。その後も、ライオンの飾りを被り、大きな声で「ガオー」となりきったり、蛇の飾りを手に取って「にょろにょろ〜」と遊んだりする様子が見られました。毎日遊びを繰り返す中で、ワニの口にボールを入れて引き出しを開けるとボールが出てくる遊具が気に入り、夢中になって何度も繰り返し遊ぶ姿が見られました。また、上級生の遊んでいる様子を真似て、今回も桶やたらいにボールを集めてワニの口の中に入れ、出口からボールが一気に出てくる様子を楽しんでいました。また、「サル山」「ゴリラ山」では、それぞれの山の背景にゴリラやサルのイラストがあることがヒントとなり、「ウッキー！」とサルのポーズをしたり、「ウッホー！」と胸をたたいたりして動物の真似をしながら滑り台を楽しむ姿が見られました。

　「ぼうけんジャングル」で遊ぶ中で、D さんが楽しそうな声を発したり、嬉しそうな表情で遊んだりする姿をたくさん見ることができました。これまで遊びの経験を重ねてきたことにより、様々な遊びに興味をもって遊びを広げたり自分の好きな遊びを見つけたりし、自信をもって遊ぶ姿につながったのだと感じました。

Column
コラム

児童・生徒のキャリア発達エピソード③

教職経験1年目　小学部

　友達と一緒に遊ぶことが好きで、友達が遊んでいるところへ自分から加わったり、友達の遊び方を真似たりして遊ぶEさん。

　高学年が展開した6月の単元「ようこそ！『おさかなワールド』へ」で遊び場に招待されたEさんは当初、教員や高学年の友達の遊び方を見て一緒に遊んでいました。何度か招待されて遊ぶうちに、ボールプールのボールを使った遊びがお気に入りとなり、「アシカくん」の空気で浮いているビーチボールをめがけてボールを当てる遊びを自分で考え、次々にボールを当てて楽しむ姿が見られました。その姿を見て「おもしろいね」「ぼくも」とEさんが遊んでいる周りに友達や教員が集まって遊ぶことが増え、楽しそうに一緒に遊ぶ姿が見られました。

　9月の文化祭単元「スマイルひろばであそぼう」では、トランポリンを怖がり、自分から取り組む様子は見られませんでしたが、毎日友達と一緒に遊ぶ中でトランポリンに少しずつ慣れていき、立って跳ぶことができるようになりました。周りの人から「すごいね」とたくさん言葉をかけられると、少し照れながらもとても嬉しそうな表情で「もう1回」と教員に伝え、何度も遊ぶ姿が見られました。それ以降、トランポリンが好きな遊びの1つとなり、進んで遊ぶようになりました。文化祭当日に姉と弟がスマイルひろばに遊びに来たときには、自分からトランポリンへ誘って一緒に遊ぶ姿も見られました。

　11月の単元「ぼうけんジャングル」では、「ゾウの池」「ワニの池」でボールを使った遊びを気に入って遊んでいました。教員が「Eくん、楽しそうだね。どうやって遊ぶの?」と言葉をかけると、的にゾウの鼻を向けてヒモを引き、次々とボールを発射させたり、ワニの口にたくさんボールを入れた後に引き出しを開けてどぉーっと雪崩のようにボールを出し

たりと手本を示しながら自信をもって遊び方を伝える姿が見られました。単元後半では、Eさんから「ねえねえ」と友達や教員に言葉をかけて自分のお気に入りの遊びに誘う姿が増えました。

　これまで決まった遊び方で遊ぶことが多かったEさんですが、友達や教員に自分の遊びを称賛された経験から自分で遊び方を考えたり、新たな遊びに挑戦したりする姿が増え、自信をもって遊ぶようになりました。そして、その自信が友達や教員、姉弟を自分のお気に入りの遊びに誘ったり、遊び方を伝えたりする姿につながったのではないかと感じています。

　Ｆさんは、肢体不自由と知的障害のある重複学級在籍の児童です。ままごとや工作が大好きで、じっくりと時間をかけて自分でやりとげようとする集中力があります。時々、やりたいことを優先するあまりに、目の前の学習に集中することが難しかったり、学部全体で行う授業に間に合わなかったりすることがありました。また、学習や体験したことをよく覚えていて、身近な教員に身振りで自分の思いを伝えようとすることができる一方で、自分から日常の挨拶をすること、支援を依頼すること、感謝の気持ちを伝えることは少ない印象でした。

　そこで、まず身近にいる教員同士が普段から一つ一つ丁寧なやりとりをし、挨拶の仕方や適切な会話のモデルとなるよう心掛けました。また、たくさんの思いとやりたいことはあるものの、自分から表出することが少ないため、活動内容や気持ちを表すイラストカードを活用しながら児童の気持ちを汲み取り、代弁するように努めました。カードの選択や身振り、表情からＦさんが伝えたいこと、考えていることを「Ｆさんは○○したかったんだね」「そうだよね、○○やりたいよね」と代弁や共感をすると、Ｆさんは大きく頷いたり、嬉しそうな表情を浮かべたりして自分の気持ちを分かってもらえたことを喜ぶような姿が見られました。そんな変容が見られるようになってきた中で、「一日の見通しをもってやるべきことへの理解はあるが、満たされない気持ちが強く、折り合いがつかないのではないか」と感じるようになり、Ｆさんの背景ごと受け入れてみることにしました。それからはＦさんがやりたいことは何か考え、休み時間に教員から「一緒に○○で遊ぼう」「お家ごっこしよう」と誘って一緒に遊んだり、やりとりしたりするようにしました。そして、切り替えの場面や授業の中で、今何を行うべき時か行動の善し悪しを丁寧に伝えるなど一貫した対応を継続しました。

　毎日繰り返し取り組む中で、Ｆさんは授業への参加や気持ちの切り替えがスムーズになっていきました。また、相手の気持ちに気付き、教員や友達に自分から言葉をかけて思いやるような様子が見られるようになりました。自分の思いが満たされたこと、そして自分が大切にされていると実感できたことでＦさんの行動や言動が少しずつ変化していったのではないかと感じる場面でした。また、教員の「ありがとう」や「いいね」といった、ちょっとした言葉かけも自信になったように感じます。児童の気持ちに寄り添い、支援を続けることで、児童も教員と気持ちがつながったことを実感し、さらに積極的な姿につながっていったのだと思います。

　今では支援の依頼、お礼、日常の挨拶を自分から伝えられるようになり、コミュニケーション面や集団への参加などに大きな変化が見られています。

　これからもＦさんの気持ちや願いに寄り添いながら、Ｆさんのキャリア発達を支援していきたいと思います。

2　中学部の実践

＊総合的な学習の時間①
いすみクリーン作戦
〜作ろう！広げよう！！地域へ発信！！！〜

1．単元について

（1）いすみクリーン作戦について

　「いすみクリーン作戦」とは、総合的な学習の時間に、自分たちで課題と対応対策を考え、学校周辺の道路や駅のごみを拾う活動である。過去数年にわたって取り組んできたが、活動は年2回にとどまり、教員の入れ替え等によって目的が曖昧なまま形骸化している状態であった。

　キャリア発達を支援する授業づくりに取り組むにあたり、目的を明確化することが必要と考え、「なぜ・なんのために」の視点で活動を見直し、育てたい力やそのために必要な学習内容について教員間で検討した。その結果、ごみ拾い活動を月1回の実施とし、活動を進めるに当たっては、生徒が考え、実施し、振り返るといったPDCAサイクルを取り入れた学習の流れを設定し、改めて取り組むこととなった。

　継続した取組により、初めは「たくさんごみを拾えて嬉しい」「きれいになって嬉しい」という思いで活動していた生徒たちであったが、事後の振り返りを重ねる中で、「もっと地域をきれいにできないか」「もっとごみを減らせないか」といった他者へ働きかける気持ちの変化が見られた。さらに、地域をきれいにするために自分たちにできることを考えたときに、「地域の人たちに呼びかけることも大切なのではないか」という気付きも生まれてきた。

いすみクリーン作戦の活動を見直し整理した表

	生　徒	教　員
なぜ・なんのために （目的）	・生活する環境をきれいにしたい。 ・ごみをなくしたい。 ・「ありがとう」と言われたい。	・仲間と協力してより良い方法を考えたり活動したりしてほしい。 ・感謝されることをとおして、自分の存在価値を感じたり自己肯定感を高めたりしてほしい。
何を（内容）	いすみクリーン作戦（ごみ拾い）	
どのように （方法）	・クリーンセンター見学でごみについて知る。 ・いすみクリーン作戦（月1回）。 ・学校周辺の道路や駅などのごみを拾う。 ・クリーン作戦の前日に事前学習、当日の午後に事後学習（振り返り）を行う。	

（2）単元の概要

　本単元では、いすみ市役所の職員の方をゲストティーチャーとして招き、「いすみ市をきれいにしたい」という自分たちと同じ目的で取り組んでいる「菜の花プロジェクト」や「ごみゼロ運動」、市内の小中学校が取り組んでいる環境美化活動などの話を聞く機会を設

けた。どのような経緯で活動をしているのか、地域にどのようにアピールしているのかを知ることにより、自分たちが地域のためにできる活動を考えるきっかけにしたいと考えた。

　ゲストティーチャーの話を聞いて得た気付きから、年間の活動計画を立てる「プロジェクトチーム」、これまでの振り返りの中で生徒から意見として挙がっていた看板を作成する「PRチーム」に分かれて活動することとした。プロジェクトチームは、地域の方の話や、これまでの活動を基に考えた意見を分類し、挙がった意見が実現可能か、どの時期に実施できるかを検討した。PRチームは、看板作成を中心に「ごみを捨てないでほしい」という思いやいすみクリーン作戦の活動を地域の方に知ってもらうための制作に取り組んだ。

　指導に当たっては、プロジェクトチームでは話し合いの際に、「何を」「どのように」といった話し合いの柱を明確にすることで、実現可能な今後のクリーン作戦の活動を生徒たちが決められるようにした。PRチームでは、生徒が得意なことや好きなことを生かした活動を用意し、流れを一定にしたり、補助具を用意したりすることで、生徒が自分から活動に取り組む姿を引き出せるようにした。また、看板は地域に設置することを伝え、地域の人たちの目に入りやすくするにはどうしたら良いのかを考えながら活動に取り組めるようにしたいと考えた。

　本単元をとおして、自分たちのやりたい活動をみんなで組み立て、一人一人が自分のできることに取り組むことにより、自分の気付きや思いを言葉や態度、行動で表現する喜びを味わい、他者から認められる嬉しさや喜びを感じてほしいと願い、取り組んだ。

地域ではこんなこともやっているのか・・・

自分たちにできることは何か考えて見よう

２．単元の目標　【育成を目指す資質・能力を踏まえた３観点】（基礎的・汎用的能力）

・活動の流れが分かり、自分から話し合い活動や制作活動に取り組むことができる。
　【学】（自己理解・自己管理能力）
・活動の中で自分の考えを伝えたり、発表したりすることができる。
　【思・判・表】（自己理解・自己管理能力）
・自分の役割を理解し、友達と協力して地域の環境美化のための計画を立てたり、看板の制作をしたりすることができる。
　【知・技】（課題対応能力）（人間関係形成・社会形成能力）

3．単元の計画

日程	学習内容	
6/19(水)午前	・市内のクリーン活動について知る	・ゲストティーチャーからの話を聞き、「菜の花プロジェクト」「ごみゼロ運動」など地域で行われている同じ目標に向かって取り組んでいる活動を知る。
午後	・自分たちにできることを考える	・ゲストティーチャーの話を受け、「自分たちにできることは何か」意見を出し合う。
6/21(金)午前	・年間計画立案 ・看板作成	《プロジェクトチーム》 ・いすみクリーン作戦の年間の計画を立てる。 《PRチーム》 ・クリーン作戦を地域に広めるための看板作成。 ※①、②に分かれて活動 　①看板のデザインをする。 　②看板の枠づくりをする。
午後		
6/27(木)午前		
午後		
6/28(金)午前	・チーム活動のまとめ	・チーム毎に活動の振り返りと、活動報告に向けた準備をする。
午後	・チーム活動の報告 ・今後の予定について	・各チームの活動報告とこれからの方向性について共通理解を図る。
7/11(木)午前・午後	・いすみクリーン作戦事前準備	・ごみ拾いの方法や活動するルートを確認する。 ・看板を国吉駅・夷隅庁舎に運ぶ方法を考える。
7/12(金)午前	・いすみクリーン作戦（ごみ拾い活動）	・グループに分かれてごみ拾いを行う。 ・国吉駅・夷隅庁舎へ看板を設置する。
午後	・いすみクリーン作戦事後学習	・今回のクリーン作戦を振り返り、良かった点、改善すべき点などの意見を出し合う。

4．期待するキャリア発達の姿と支援の手立ての工夫

期待するキャリア発達の姿	キャリア発達を支援する手立て
〈向き合い方の変化〉 ・友達の意見を聞いて賛同することや、考えた意見を自分から手を挙げて発表しようとする姿。	・自分の思ったことを最初は教職員に伝え、1対1でのやりとりで自信をつけてから、友達に向けて伝える機会を設定する。 ・発表の内容だけではなく、自分の考えを発表できたことを大いに称賛する。 ・上級生とペアになり、意見交換することで、考えを広げ、思いを伝えられるようにする。
〈身に付けた力の活用〉 ・自分から積極的に「こうしよう」「こうしたい」と活動に参加する姿。	

5．結果　〜「キャリア発達するための手立ての観点」より〜

（1）単元の評価

①思考できる場面の設定

　プロジェクトチームでは、話し合いで決まったことを模造紙に記録し確認できるようにしたことにより、次の話し合いでは、前回の内容や今回のテーマを生徒自身が理解して臨む姿が見られた。また、生徒同士だけでなく、教員も一緒に話し合いに参加し、生徒の意見に対して共感したり問いかけたりと対話的に関わることで、生徒から様々な意見が出てくるようになった。

看板チームの看板はどこに飾ったらみんなが
見てくれるか

僕はここが良いと思うな!

②人的環境

　看板を作る時や色を塗る時は、二人一組になって活動するようにしたことにより、相手の様子を確認しながら協力して活動を進める様子が見られた。

協力して一緒に看板を完成させよう!

こっちは押さえてるから気をつけて切ってね。

③本人にとって分かりやすい評価

　生徒たちの話し合い活動や制作活動を写真に記録しておくことにより、自分が取り組んだことに加えて友達の様子にも関心を向けられるようになった。

④物的環境

　看板の枠を作る際に補助具を工夫することにより、長さの異なるサイズの中から正しいものを見つけたり、正しい配置場所に並べたりするなど、進んで活動に取り組む姿が見られた。また、活動の流れを1つずつ写真と文で示した掲示物を用意することにより、活動の流れを理解して自分から取り組むことができた。

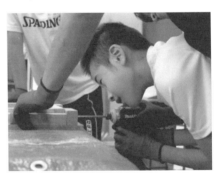

補助具を使って木枠をビスで留めるよ。

⑤単元計画の工夫

　チーム内での役割分担を決めておくことにより、生徒一人一人が自分の担当する役割を理解して活動に集中して取り組むことができた。

（2）単元をとおして見られたキャリア発達の姿

①単元計画の工夫

　ＰＲチームでは、生徒同士が声をかけ合いながら作業を進めていた。3年生にチームをまとめてほしいと考え、リーダーを依頼したことで「自分がやらなければ」という自覚が生まれ、率先して活動に取り組んだり、チームの友達に声をかけたりする姿が見られた。

これがみんなの意見から完成した
年間計画です！

②思考できる場面の設定・人的環境

　プロジェクトチームでは、話し合いの中で「美化のために草取りをする」という意見に対して「草は生き物だからだめ」と具体的な理由を含めて自分の意思を伝える姿が見られた。草が生えると看板が見えなくなる様子を教員が図で伝えると「草が生えると看板が見えなくなるから取った方がいいか」と気付き、より良い方へ考えを変える姿が見られた。

③言葉かけ（対話）

　「なんで」「どうして」などの質問に対して当初生徒は「分からない」と答えていたが、教員が生徒と対話しながら意見を整理していくことで、自分で考え、答えようとする姿が見られるようになった。

④人的環境・物的環境

　自分のやりたいＰＲチームではなく、プロジェクトチームになったことを最初は受け入れられずに学習に参加していた生徒がいたが、プロジェクトチームが立てた計画を基に他のチームが活動するという重要な役割があることを、生徒たちが話し合いに取り組んでいる映像を見せながら伝えると、自分の役割の必要性に気付き、気持ちを切り替えて学習に取り組む姿が見られた。

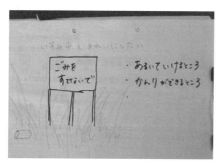

草取りの必要性について気付いた！

今日の活動の成果を報告しよう！

6．成果と課題

（1）成果

　自分の思いや考えを伝えることに対して以前は躊躇している様子が見られたが、教員との対話をとおして自分の伝えたいことが明確になり、自分の考えに自信をもち、意見を発表しようとする姿につながった。また、「ごみをたくさん拾ってきれいにしたい」という思いが強かったが、「地域の人に喜んでもらうために何ができるか」といった思いが生まれ、自分中心であった視点が他者へと広がった。

みんなに伝わるようにきれいに作ろう！

9月には菜の花プロジェクトに参加しよう！

（2）課題

　各チームの活動の様子や成果を写真で記録することにより、お互いの様子を共有することができたが、生徒の感想については「頑張った」「楽しかった」などの抽象的な感想が多く見られた。「何が・何を」「どのように」「どうだったのか」と、より具体的な振り返りをするためには、対話をとおして生徒の思いを具体的に引き出すことが大切である。思いを書いて視覚化し、意味付け・価値付けすることによって、生徒自身が成果や改善点を捉え、次時へつなげることができると考える。生徒が発表をより具体的に行えるように、写真や動画を用いるなど手立てを工夫していく必要がある。

　プロジェクトチームの活動では、生徒にとって自分たちのできることを生かして地域のためにできることを考える際に、自分たちで新しく取り組む活動を考えることは経験のないことだったため、教員側が生徒の思いを操作しないように必要最低限の情報のみを伝えた。教員は生徒に対して期待する答えを想定して学習内容を工夫したつもりだったが、生徒には考えるための情報が少なすぎたため、想定していた意見を生徒から引き出すまでには至らなかった。選択肢を手掛かりにして考えるなど、生徒にとって思考しやすい手立てを考え設定する必要がある。

② 中学部の実践

1．単元について

　本単元は、地域との関わりを深め、作業学習で培った技術や「いすみをきれいにしたい」という思いを生かして、地域を飾るとともに、自分たちの取組を発信する活動である。

　6月の単元での「いすみをきれいにするために、○○をしたい！」という生徒の思いから、「いすみクリーン作戦」に加えて、いすみ市が取り組んでいる「菜の花プロジェクト」への参加へとつなげ、自分たちのできることを生かして地域を飾る活動などを年間活動計画に反映することができた。具体的には、7月と9月に「看板作成・設置」、10月に「菜の花プロジェクト」を実行した。これまで「いすみクリーン作戦」を繰り返し行ってきたことで地域の方に声をかけられることが増え、生徒からは「嬉しかった」「また行きたい」といった感想が聞かれた。しかし、9月に看板設置に行った際には「何をやっているの」「どこの学校なの」と声をかけられることもあり、自分たちの活動が十分に認知されていないことが分かった。この出来事が、もっと自分たちの活動を地域の人に発信していく必要があるという生徒たちの気付きへとつながった。

　本単元では、地域をきれいにするとともに、自分たちの活動を発信するために、「町を飾ろうプロジェクト」と題して、作業学習で培った知識や技能を生かして制作したプランターカバーと花苗を地域の商店や公共施設等に配る活動に取り組んだ。作った製品を地域の方に直接渡しに行き、声をかけていただくことにより、自分たちの取組は地域に貢献できるものであることを実感できるのではないかと考えた。また、活動を伝えるチラシ作り、製品を飾るプレート作り、クリーン作戦で使用する台車の改良など、制作活動を設けることで一人一人のできることや得意なことを生かした活動を設定した。

　単元のまとめでは、各チームの活動を相互に伝え合う報告会を行った。地域の方の声や反応などを全員で共有することによって、自分たちの活動が様々な場所で認められていることを実感できると考えた。また、本プロジェクトをとおして気付いたことや感じたことを基に、今後取り組みたいことを自分たちで考えていくようにすることによって、「こうしていきたい」という気持ちをもち、主体的に取り組む姿を引き出せるようにしたいと考えた。

　以上のことから相手を意識して取り組み、「○○のために」という思いやりの気持ちや、人の役に立つという実感を得ることで自己有用感を育み、自ら表現しようとする態度を育みたいと考え、本単元を設定した。

２．単元の目標　【育成を目指す資質・能力を踏まえた３観点】（基礎的・汎用的能力）

・自分の役割を知り、製作をしたり地域の方々と関わったりすることができる。
　【知・技】（課題対応能力）（人間関係形成・社会形成能力）
・相手や目的に応じて活動をまとめ、自分なりに報告することができる。
　【思・判・表】（自己理解・自己管理能力）
・自分たちの課題に気付き、これからのクリーン作戦をより良くしていこうとすることが
　できる。【学】（自己理解・自己管理能力）

３．単元の計画

日程		学習内容
10／24午前	町を飾ろうプロジェクト導入	・日程確認 ・行きたい方面により3チームに分ける。
午後	作業班で製品を考える	・各作業班に分かれ何を作るか考える。
10／30午前	クリーン作戦：リサーチ【校外】	・ごみ拾い活動をしながら配る相手をリサーチする。
午後	リサーチの振り返り	・リサーチの結果をチームで振り返る。
10／31午前	リサーチの報告	・リサーチの結果を他のチームへ報告する。
午後	許可取りの練習	・リサーチした場所へ許可をもらいに行く練習をする。 ・役割分担をする。
11／1午前	クリーン作戦：許可取り【校外】	・クリーン作戦をしながら、リサーチした場所へ許可をもらいに行く。
午後	許可取りの報告 ・チーム活動の報告 ・今後の予定について	・各チームの活動報告とこれからの方向性について共通理解を図る。
11／5～7 11、12	[製品作り①～⑤]	・渡す相手を意識しながら、製品作りをする。（作業学習）
11／14午前	グループ活動①	・3つの制作グループに別れ、活動する
午後	グループ活動②	チラシグループ …活動を知らせるチラシを作る
11／15午前	グループ活動③	台車デコグループ …ごみ拾いの台車を色づけしたり、 　　　　　　　　　　　　　　メッセージをつけたりする。
午後	グループ活動④	製品プレートグループ …配る鉢花につけるプレートを作る。
11／18～20	[製品作り]	・渡す相手を意識しながら、製品作りをする。（作業学習）
11／21	クリーン作戦：製作した物を配る【校外】	・許可をいただいた場所へ、プランターカバーと花苗を配りに行く。 ・帰りにごみ拾い活動をする。
午後	振り返り、報告会の確認	・活動を振り返る。報告会の確認をする。
11／28	チームで発表練習	・報告会に向けてチームで練習する。
11／29	町を飾ろうプロジェクト報告会	・各チームの活動報告をする。

４．期待するキャリア発達の姿と支援の手立ての工夫

期待するキャリア発達の姿	キャリア発達を支援する手立て
〈向き合い方の変化〉 ・「分からない」と諦めることなく、挑戦しようとする姿。 ・地域を身近に感じて自分から地域の方々へ関わろうとする姿。	・自分で伝えたいことを見つけられるように、生徒の発言を書き出し、それを基に教員が対話することで思いや考えを整理して表現できるようにする。 ・具体的な内容を引き出せるように「なぜ」「どうして」と問う。 ・前向きな気持ちがもてるように、考えている姿や伝えようとしている姿を称賛する。
〈身に付けた力の活用〉 ・自信をもって具体的に自分の思いを伝えられる姿。 ・自分から「地域をもっとこうしたい」と課題を見つけ、解決しようとする姿。	・自分が地域で役に立てることは何かを考え、活動の計画を立て実行できるように、地域の方と直接関わる場を設定する。 ・自分の活動や思いを友達や教員へ発表する場面を設ける。

５．結果　〜「キャリア発達するための手立ての観点」より〜

（１）単元の評価

①単元計画の工夫

製品作りでは、どのお店の誰に渡すのか相手が見えたことにより、お店のことを考えてプランターカバーの配色や花苗の色を選び製品を作ることができた。また、生徒の実態を考慮して、チラシ作り、プレート作り、台車改良の３つの制作活動を設定することにより、生徒が自分たちの長所や特技を生かし主体的に活動に取り組むことができた。

「僕たち台車デコグループ!」
「みんな色塗り上手だよ!」
「台車を上手に飾るぞ!」

②物的環境

交渉や依頼の様子を動画に撮ることにより、後から活動の様子を確認することができ、生徒自身が「できたこと」や「嬉しかったこと」を発表することができた。また、言葉での発表が難しい生徒については、自分の発表したい場面を動画や写真の中から選べるようにしたことにより、自分で伝えることができた。

たくさん、お願いに行ったね。
どのお店がよかったかな。

③人的環境

１つのチームを４〜５人の少人数で構成したことにより、製品を渡す時に説明をする、チラシを渡す、花を渡すなど、チーム内の生徒全員が役割をもって活動することができた。

④思考できる場面の設定

写真や学習で使った資料、コミック会話などを活用することにより、これからの活動を考えていく時に、生徒がそれぞれ今年の活動の中から自分が一番やりがいを感じられた活動を選び、花で町をきれいにしたいという意見を伝えることができた。

チームの中で一人一役!
「僕たちが育てたお花です。
どうぞ受け取ってください!」

⑤本人にとって分かりやすい評価

地域の方々から「ありがとう」「また来てほしい」などの感謝の言葉や前向きな言葉を

たくさんかけていただくことにより、自分たちの活動が役立っていることに気付き、もっと多くのお店や学校から離れた地域にも自分たちの作った製品を私に行きたいという意見をもつことができた。

（2）単元をとおして見られたキャリア発達の姿
①人的環境
　普段から人前で話すことが苦手で、声が小さくなることを課題としていた生徒が、お店の方から「今なんて言ったの？」と聞かれることがあった。一瞬戸惑っていたが、教員が様子を見守っていると、自分で声を大きくして、相手に伝わるようにもう一度言い直す姿が見られた。お店の方から「今のは分かったよ」と言われたことで自信をもち、次の依頼先では最初から大きな声で伝えようとする姿が見られた。
②単元計画の工夫
　チームをこれまで導いてきたリーダーが「ぼくがやるぞ」と自信をもって商店街のお店から許可を得る活動をしていた時、あるお店で相手の方から「結構です…」と断られることがあった。アポイントメントなしの飛び入りで許可を得る活動であったため、事前の学習では許可が得られない場合を想定し、ロールプレイングを用いて練習する計画を立てていた。そのことにより、普段ならば断られた時に「なんでうまくいかなかったんだ」と頭を抱えてしまう場面でも、「分かりました。次、お願いします」と結果を受け止めて、落ち着いた対応を取ることができた。商店街から帰る途中、リーダーから「やっておいて良かったよ」というつぶやきが聞こえてきた。うまくいくことばかりではないということを経験できたとともに、うまくいかない時にも落ち着いて対応することができたという自信をもつことができた。

６．成果と課題
（1）成果
　生徒が思考できる場面を教員が意識し、活動を繰り返すことを通して、生徒の発言や気持ちを引き出すことを丁寧に行うようになった。言葉かけやコミック会話、写真、イラストなどの情報を活用することにより、言葉では表現することが難しい生徒の振り返りも充

チラシグループの報告をします!

地域の方に渡す製品が完成しました。

実し、具体的な活動場面を選んで伝えられるようになった。また、実際に地域の商店や公共施設に許可を取りに行くことにより、感じた緊張やかけてもらった言葉など、生徒たちにとって貴重な学習の機会となった。作業学習の製品を活用するという自分たちにできることを生かして町を飾るという経験が、自分たちが培ってきた学習の成果を発揮でき、地域の方々にも喜んでもらえたという自信につながった。

（2）課題

　言葉で思いを表現することが難しい生徒は、自分たちの学習内容を写真や動画の中から選び取り組みたいことを選択することができたが、話し合い活動への参加の仕方については、情報の提示の仕方を工夫するなどして今後さらに検討していく必要がある。

私たちの作った製品、喜んでくれるかな…？

「大事にします」と言ってもらえて
嬉しかったです。

地域のお店や施設に配ったチラシ

取り組む姿勢の変化

　花を飾らせてもらうお店をリサーチするために商店街へ出向いた時のことです。Gさんは事前学習で活動の内容や目的を確認していたものの、お店を探すのではなく、ごみを一生懸命に探していました。しかし、お店に承諾をもらいに行った際、これまで制服を購入したお店の方や利用したことのあるレストランの方など、たくさんの顔見知りの方から声をかけられたことで、活動への姿勢が大きく変化しました。相手が明確になったことで意欲が高まり、「僕がかごを作って渡したい」と、お店の名称や看板の色も考慮しながら、かごを編むテープの色を選んだり、相手の写真を見て意識したりしながら丁寧にかごを編んだりする姿が見られました。

態度の変化

　お店に承諾をもらいに行った時のことです。Gさんは行く先々で顔見知りの方に出会えたことが嬉しく、学習場面であることを忘れてしまうほど喜んで積極的にコミュニケーションを取ろうとしていました。

　花を届けに行くための準備を進める中で、教員が、「中学部を代表して」行くということや、言葉遣いや接し方のマナーについて説明をしました。「代表」という言葉に意識を高め、「相手に嫌な思いをしてほしくない」、「喜んでほしい」という気持ちも芽生えたようでした。誰がどのお店で伝えるかを決める時には、顔見知りのいるお店を希望し、伝える内容が書かれた台本が用意されると自ら何度も繰り返して練習に取り組みました。

　当日は4軒のお店で用件を伝えました。承諾をもらいに行った時の様子からは一変し、1、2軒目はやや緊張して、台本から目を離さずに伝える様子がありました。3、4軒目では台本を見ずに相手を見て話そうとする様子が見られました。友達が話をしている場面では落ち着いてやりとりを見聞きし、お店の方に声をかけられると自信をもって返事をしていたGさんでした。

学習を振り返って

　地域の方との関わりをとおして、自分の役割や相手への気持ちに気付き、取り組む姿勢や態度に大きな変化がありました。人と関わることが好きなGさんにとって、関わりにおける大切なことを学ぶ機会になったに違いありません。事後学習では「ありがとうございます」「大事にします」と言われて嬉しかった」「（顔見知りの）お店に渡せて嬉しかった」と振り返るとともに、「お話が上手になりたい」と感想を話していました。

Column
コラム
児童・生徒のキャリア発達エピソード⑥
教職経験2年目　中学部

「そうごう」は「クリーン作戦！」

　中学部に入学し、Hさんにとって初めてのクリーン作戦。見通しをもつことが難しく、ごみ拾いの途中で座り込んでしまうこともありました。回数を重ねるごとに、「クリーン作戦＝ごみ拾いをする」ことが分かり、ユニフォーム（バンダナ・軍手）を身に付けると、「ごみを拾いに行く」ということが分かった様子でした。また、「今日はクリーン作戦に行くよ」と伝えると「そうごう」と答え、「総合的な学習の時間」に「クリーン作戦」に取り組むことを理解しているのだなと感じる場面でした。

　毎月クリーン作戦に取り組むうちに、教員と一緒にごみを拾ったり、促されてごみを拾ったりしていた姿から、自分でペットボトルを見つけて拾ったり、小さな吸い殻やお菓子の包み紙も見つけて自分から拾ったりする姿が見られるようになりました。

丸印が付いたら出来上がり！自分たちで作った特別なごみ箱だから

　車輪付きごみ箱を作る単元では、ごみ箱を作る工程を「①台車に色を塗る、②車輪をつける、③ハンドルをつける、④装飾をする」の4つとしました。それぞれイラストを交えて説明することにより、順番に活動に取り組むことができました。工程の中で、②の「車輪をつける」では、工具に興味をもち、自分から進んで取り組む姿が見られました。作業が終わるごとに教員が丸印

を付け、終わったことを確認していたのですが、③の「ハンドルをつける」が終わった時に、教員が丸印を付け忘れたことがありました。すると、自分からペンを持ち、丸印を付けて活動が終わったことをみんなに周知する姿がありました。④の「装飾をする」が終わった後も丸印を付ける姿が見られ、一連の流れに見通しをもち、自分の役割を理解して取り組んでいるのだと感じる場面でした。

　ごみ箱が完成した時には、満足した表情で笑顔がこぼれていました。自分たちで作った車輪付きごみ箱でクリーン作戦を実施した日には、ごみ箱の持ち手を自分から握りに行き、「ごみ箱を押したい」という気持ちを教員に伝える姿がありました。自分たちで作ったことが「やってみたい」という意欲につながったのではないかと考えています。

　Ｉさんは、自分なりの思いや考えをもっていますが、自分の考えに自信をもつことができず、意見を言ったり、みんなの前で発表したりすることが苦手な生徒でした。

学習を通じたＩさんの変化

　中学部3年生となったＩさんは、2年間クリーン作戦の取組を経験していることもあり、活動内容は理解していました。しかし、「なぜこのような活動をしているのか」に関しては、よく分かっていない様子で、「総合的な学習の時間＝ごみ拾いをする授業」という理解であったと思われます。そこで、事前事後学習でワークシートを用意し、活動の前に目標を記入し、活動後は感想や気付いたことを記入していきました。自分の考えや思いに自信がもてなかったＩさんでしたが、ワークシートに記入することにより、文字に自分の気持ちを表せるようになりました。また、文字として残ることで活動前後の自分の思いに対する確認や振り返りができるようになりました。Ｉさんのワークシートを見て、一緒に活動する教員もＩさんの思いや考えを知ることができ、ワークシートを通じて授業や活動への取組に対する言葉かけや支援の方法を考えるきっかけとなりました。

　クリーン作戦の事前学習でＩさんはたくさんのごみを拾うことを目標にしていました。事後学習では、「どうしてこんなにごみが多いのだろう？」と記入していたので、教員が「どうしたらごみが少なくなると思う？」と問うと、悩みながらも「看板を作ったらどうかな？」と自分の考えを伝える様子がありました。「素晴らしい考えだよ」と教員が伝えると、照れた様子で嬉しそうな表情を浮かべていました。そこから教員との関わりも増え、「みんなに発表してみようよ」と言葉をかけると、少しおどおどしながらも自分の意見を発表することができました。Ｉさんの提案により、みんなで問題を考える学びの時間ができ、生徒と教員が話し合い、看板を作成して地域に設置するところまで実現することができました。

ワークシート活用での変化

　総合的な学習の時間の中で、ワークシートを用いたことでＩさんだけでなく生徒たちの思いや考えを知ることができました。また、ワークシートに何を書こうか考えながら教員と話しているうちに「そうか」といろいろな視点に気付いた生徒もいました。

　一人で考えたり、教員と一緒に考えたりしながらワークシートを記入して、それぞれの思いや考えを発表し合い、意見をまとめる一連の流れがとても有意義であったと感じています。

　自分の思いや考えに自信がもてなかったＩさんでしたが、その後の学校生活の中でリーダーとなり、みんなをまとめたり、前に出て発表したりする機会も増えました。一つ一つの積み重ねが生徒たちへの意欲や自信につながっていると感じています。

Column
コラム

児童・生徒のキャリア発達エピソード⑧

ごみ拾い活動をとおしての変化

　1人一つずつ袋を持ってごみを拾う方法から、台車にごみ箱を設置してごみ拾いをすることになった時のことです。全員がいつものようにごみ拾いをして、台車を押す人がいなくなってしまう状況が生まれました。誰かが押さないと台車を持って行くことができないことに気が付いたJさんが、「台車は誰がやる?」とチームの仲間に聞くようになりました。1年生の生徒が「僕がやりたい」と言って台車を押していましたが、いつも同じ生徒が台車を押しながらごみを拾うことになり、なかなか予定通りにごみ拾いが進まない様子がありました。そんな時、Jさんから「順番で持つ人を交代しよう」という意見が出ました。チームのみんなも納得して、一定時間1人が台車を押したところで「交代です」と言葉をかけて取り組む姿が見られるようになりました。Jさんが「僕が3年生だしリーダーやらないと」と話した時には、「自分が年長者だからみんなに伝えないと」という気持ちが芽生えてきたようにも思えました。後輩から、「J君、次は誰がやる」と言葉をかけてもらったことで、リーダーとしての意識が高まり、台車を押す順番だけでなく、学校に戻る時間も気にしながら「次は○君の番だ。少し急ごう」という言葉もかけられるようになりました。

「町を飾ろうプロジェクト」地域の方に依頼へ

　作業学習で作った花とかごを地域の中学校方面7カ所に配りに行った時のことです。用件について話をする場面では、初めてのことだったためかJさんは「緊張するな」と不安そうな様子でした。実際に1カ所目で用件を伝える時には、原稿を一生懸命読むことに必死で相手の顔を見られないまま依頼をしました。「難しかったな、次も緊張するかもしれない」と少し自信をなくしているような様子も見られました。「初めてのことだから、大人でも緊張するよ」と教員側の正直な気持ちを本人に伝えると、「大人でも緊張するのか」ということを知り、「次も僕が言おうかな」と気持ちを切り替えて2カ所目に臨む姿がありました。1カ所目では声が小さく、相手の方を向いて伝えることが難しかったのですが、今度は相手の方を時々見ながら、話す速さや声の大きさにも気を付けて伝えることができました。人の顔を見て話すことが普段の生活でも苦手だったJさんが初対面の相手を見ながら話すことはさらに緊張した出来事だったと思います。しかし、自分なりに考えて「僕がリーダーだからやらないと」「もっと上手に言えるようになりたい」という気持ちをもったことで今回のようなJさんの姿につながったと感じました。

　できることだけではなく、今回のような挑戦によって得られた自信は今後のJさんの生活の上で今後につながる貴重な経験になったのではないかと感じています。

3 **高等部の実践**　＊作業学習①
校内販売と「スーパーG店」での販売会を成功させよう
－夏野菜とクロマメの作付け－

1．単元について

　本単元は、地域の方に向けて苗の校内販売を実施するとともに、スーパーG店での販売会に向けて夏野菜やクロマメの作付けに取り組むものである。校内販売では、宣伝、接客、運搬に加え、新たにお客様へのアンケートを実施した。アンケートをとおして、苗や校内販売への感想、お客様のニーズを知ることにより、自分の頑張りや成果を感じられるようにしたいと考えた。また、他者からの感謝や評価を知ることにより、学習の成果を喜んでもらえて嬉しい、そのために作業をさらに頑張ろうと思う気持ちや、やればできるという自信をもてるようになることを期待した。さらには、これまで教員主導で行ってきた運営や在庫管理にもできるだけ生徒が携わり、お客様により喜んでもらうために自分たちは何をし、どんな作業スキルを身に付けたら良いのかを考え、実践することにより、作業に前向きに取り組もうとする意欲を高め、自信をもって活動する力を高めていきたいと考えた。

　実習地（畑）での作業では、堆肥まきやマルチシート張り、野菜苗の作付けなどを行った。マルチシート張りは、3人一組での作業になるが、それぞれの役割や手順を明確にすることにより、生徒だけで取り組めるようにした。野菜との関連性が直接的に見えにくい活動であるが、野菜の生長に関わる重要な工程であることを伝え、自分の役割がお客様が喜ぶ野菜作りに関係していることを理解し、生徒が責任をもって丁寧に取り組めるようにしたいと考えた。また、作付けは事前に校内のハウスで芽出しを行った苗を移植し、スムーズに進めることができるように道具や補助具を工夫した。これらの活動において生徒たちがお客様に喜ばれることを楽しみに、自分から進んで丁寧に取り組めるようになることを願った。

　以上のことから、販売会を成功させるために、生徒が校内販売で感じた嬉しさや自信を糧にし、お客様に喜ばれる野菜や苗を作ろうと意欲的に取り組んだり、班内で協力し合ったりする姿を期待して本単元を設定した。本単元をとおして他者を意識するとともに、自己有用感を育み、一人一人が自信や意欲をもって、生き生きと活動に取り組む姿につながることを期待したい。

2．単元の目標　【育成を目指す資質・能力を踏まえた3観点】（基礎的・汎用的能力）

・道具の名前や使用方法、作業手順や方法を理解することができる。【知・技】（課題対応能力）
・自分の役割を理解し、友達と協力して作業を進めることができる。【学】（人間関係形成・社会形成能力）

・地域の方と直接関わることをとおして、活動の意義や作業への取り組み方を考えることができる。【思・判・表】（自己理解・自己管理能力）

・販売会当日は、担当の仕事を存分に行い、満足感を分かち合うことができる。【学】（人間関係形成・社会形成能力）

3．単元の計画

日程	学習内容
6／6（木）	
10（月）	○実習地の整備【実習地】 ・マルチはがし・草取り ※雨天時・ポットへの土入れ・クロマメ、インゲン、ポップコーンのポットへの種蒔　　○ソラマメ、タマネギを無人販売台にて随時、販売する。
11（火）	
12（水）	
17（月）	○クロマメの作付け【実習地】 ・堆肥まき・耕運・畝作り ・マルチ張り・作付け
18（火）	
19（水）	
24（月）	
26（水）	
27（木）	
28（金）	「スーパーG店」での販売会
7／1（月）	各販売会の報告会
2（火）	作業班反省会

4．期待するキャリア発達の姿と支援の手立ての工夫

期待するキャリア発達の姿	キャリア発達を支援する手立て
〈向き合い方の変化〉 ・友達に声をかけて確認し合ったり、タイミングを合わせたりして、協力して成し遂げようとする。	・友達と協力し合うことができるように、マルチシート張りの役割を分担する。 ・自分から率先して準備等に取り組むことのできる友達と同じグループで活動することで、友達の様子から学ぶ機会を設ける。 ・授業の振り返りでは、個人の頑張りを称賛するとともに、うまくできた要因が友達との協力にもあることに気付けるよう対話する時間を設ける。
〈身に付けた力の活用〉 ・状況に合わせて、必要なことや自分ができることを考えて自分から行動する。	

5．結果　～「キャリア発達するための手立ての観点」より～

（1）単元の評価

①人的環境

　マルチシート張りでは、役割分担したことでペースを合わせたり、力加減を調整したりして、友達と声をかけ合い、相手を意識しながら協力して活動することができた。

②単元計画の工夫

　販売会やアンケートをとおして地域の人の感謝や評価を知ることにより、自信や意欲につながり、「もっと頑張りたい」という気持ちで作業に取り組む姿が見られた。

　生徒の実態に応じて作業内容を分けて取り組んだことにより、自分たちの長所や得意なことを生かして主体的に活動することができた。また、導入でなぜ販売会を行うのかを生徒と確認し合ったことにより、目的を明確にして日々の作業に取り組むことができた。

③思考できる場面の設定

　マルチシート張りを終えた後の状態を確認することにより、引っ張りすぎたり、足の踏み具合が緩かったりすることに気付くことができた。また、野菜苗の作付けでは、畝を一列植え終わった後に教員と確認する時間を設けたことにより、自分で出来映えを考えることができた。苗が倒れていたり、根が露出していたりすることに気付いて「直そう」と自分からやり直す姿が見られた。

④言葉かけ（対話）

　毎回、授業の振り返りの中で対話することにより、自分ができたことの言語化や、友達と協力してできたことや活動の意味付け・価値付けができるようになった。

友達に声をかけて確認!　　　　　　　　　お互いの踏み具合を調整しよう!

（2）単元をとおして見られたキャリア発達の姿
①単元計画の工夫

　学年混合でグループを組むことにより、先輩は後輩に教える姿が見られ、後輩は困った時に先輩に聞く姿が見られた。また、生徒同士がお互いに良いところを真似して行おうとする姿も見られた。

②思考できる場面の設定

　振り返りの中で生徒が自分の出来高（マルチを何本張れたか、張り方の出来映え等）を意識することができるようになり、次時に向けて目標を立てて達成できるように考える姿が見られるようになった。

③物的環境

　植え方の善し悪しの写真を提示することにより、横に倒れてしまいそうな苗を立てて植えようとしたり、前に植えた苗や友達が植えた苗を確認したりして修正する姿が見られ

た。

④人的環境

　作業グループをマルチシート張りと苗の作付けの二つに分けたことにより、自分の役割や仕事が明確になり、見通しをもって取り組むことができた。また、繰り返し同様の作業を行うことにより、その仕事に対して自信をもつとともに、自分の担当の仕事が分かり、使用する道具を自分から用意するようになった。さらには、生徒同士で前時までの作業の進み具合を基に何を行うか、何の道具が必要かを話し合って作業に向かう様子が見られるようになった。

苗が横に倒れそう!
修正しなくちゃ!

一人一人が自分の役割を理解して、
集中して作業中!

6．成果と課題

（1）成果

　校内販売会のアンケートや直接のやりとりをとおしてお客様の感想を知ることにより、自分たちの活動を振り返る機会となった。このことは、自分たちの取組をより良くしていこうと意見を出し合う姿につながったと考える。また、集団の中における自分の役割に気付いて自分から行動したり、周囲の様子を見て人手が足りない仕事にまわったりする姿が見られるようになった。

（2）課題

　生徒が夢中になって取り組めるように、大人が面白いと思える手ごたえのある単元を計画することも一つの視点であるとご助言いただいた。年間計画は、販売や納品だけでなく、「面白いと思える、夢中になれる内容」といった側面から計画を見直し、班の特性を踏まえて再考する必要がある。また、充実した作業学習にはキャリア発達があふれ

ているとご助言いただいた。「なぜ・なんのために」を踏まえて単元計画を再考し、その中の生徒のキャリア発達の姿を整理し、共通理解を図っていきたい。

班内での生徒同士や生徒と教員の協力や対話は大切である。生徒や集団の頑張りに対するフィードバックを行い、思考できるような場面や対話の工夫をしていきたい。

「作付けした黒豆のその後」

　6月の授業では、生徒がマルチシート張りと苗の作付けを協力して行った。植えた黒豆は10月に行われたいすみ祭で、黒枝豆として、2月の〇店販売会では、黒豆として販売した。いずれの販売会でも大盛況で完売することができた。自分たちで種まきから行って育てた黒豆が収穫できるようになり、大きな実が入っていたことに感動する姿が見られた。販売した際には、「実が大きくてよくできている」「立派な黒豆だ」などとお客様に言っていただくことも多く、自らの頑張りで良い製品が作れたことを実感し、自信をもつことができたのではないかと思う。

学習指導要領の内容との関連＜作業学習＞

単元名	校内販売と「スーパーG店」での販売会を成功させよう−夏野菜とクロマメの作付け−
職　業	1段階A職業教育−ア勤労の意義 （イ）意欲や見通しをもって取り組み、その成果や自分と他者との役割及び他者との協力について考え、表現すること。 1段階A職業教育−イ職業 （ア）㋑職業生活に必要とされる実践的な知識及び技能を身に付けること。
特別の教科 道　徳	[勤労] 勤労の尊さや意義を理解し、将来の生き方について考えを深め、勤労を通じて社会に貢献すること。

みんなで力を合わせて苗を植えきろう!

大切な苗だから、優しく扱わなくちゃ!

マルチシートをまっすぐ張るために、
息を合わせて土をかけよう!

協力して、不織布をかけよう!

高等部の実践　＊作業学習②
陶芸体験会をしよう！
－お客様のニーズを知り、新製品を考えよう－

1．単元について

　本単元は、地域の方を対象とした陶芸体験会を企画・運営し、直接地域の方と関わり合うことで得られた意見を生かして新製品作りに取り組もうというものである。

　陶芸体験会は、これまでに培った技術を伝えるという経験をとおして、さらに自信をもって作業に取り組めるようになることと、より多くの意見を収集し、製品作りを検討する機会になることを期待し、計画した。陶芸という自分たちが得意な活動において、「教わる立場」から「教える立場」になることで、自分のもっている知識や技術を言葉や身振りなど自分なりの方法で伝え、自己有用感を得ることにつなげていきたいと考えた。また、直接お客様の意見を聞くことによって作業に取り組む意義を感じ、学習の意味付けや価値付けにつなげたいと考えた。

　体験会終了後は、反省会を設け、自分の経験の振り返りや友達の輝いていた点を伝え合ったりすることで、今後につなげられるようにした。また、お客様のニーズに合わせた製品とはどのような色・形・大きさか、自分たちの技術の向上で作ることができるようになった新しい形や作り方を踏まえて新製品を考えていくこととした。

　これらの陶芸体験会での経験を自信につなげ、新製品作りや今後の学習に主体的に取り組むとともに、卒業後も相手のことを考えてコミュニケーションをとり、豊かに生活する姿を期待した。

2．単元の目標　【育成を目指す資質能力を踏まえた3観点】（基礎的・汎用的能力）

・道具の名前や使用方法、製作の手順・方法などを理解して製品作りを行ったり、伝えたりすることができる。【知・技】（自己理解・自己管理能力）

・報告や確認、手順や量を守ることなどの必要性に気付き、自分から取り組むことができる。【学】（課題対応能力）

・地域の方との関わりをとおして、作業の意義や製品への反映の仕方を考えることができる。【思・判・表】（キャリアプランニング能力）

・意見をもとに話し合い、体験会や新製品について考えることができる。【思・判・表】（人間関係形成・社会形成能力）

・体験会当日は、担当の仕事に自分から進んで取り組み、班内で協力して取り組むことができる。【学】（人間関係形成・社会形成能力）

3．単元の計画

日程	学習内容	
11／8（金）	陶芸体験会企画会議	製品作り
11（月）		鋳込み成型　たたら成型
12（火）		流し込み　修正
14（木）		排泥
18（月）		型掃除　型抜き
19（火）		修正　通し穴付け
20（水）	陶芸体験会	修正
21（木）	反省会	
25（月）	新製品の話し合い	
26（火）		
27（水）		
28（木）		
29（金）	ミニ体験会	
12／2（月）	反省会	

4．期待するキャリア発達の姿と支援の手立ての工夫

期待するキャリア発達の姿	キャリア発達を支援する手立て
〈向き合い方の変化〉 ・質の良い製品作りはお客様に喜ばれることにつながるということに気付き、質のよさを目指して苦手なことにも挑戦しようとする姿。	・体験会の成功を目指して意欲的に学習に取り組めるように、会の進め方や成功するために必要なことを話し合って決める企画会議を設定する。 ・協力し合って進められるように、一人一人の得意なことを見つけ、お互いに認め合い、活躍できる場を作り、班内で話し合うようにする。 ・得意なことを生かして役割分担をし、参加者と十分に関われる時間を設けることで、成就感を味わえるようにする。
〈身に付けた力の活用〉 ・自分の良い部分に加えて苦手な部分を認め、試行錯誤したり人に聞いたりして解決しようとする。	・体験会では参加者から製品の感想をいただく時間を設け、振り返りの中で自分たちの技術の確認や質のよさの重要性、向上などについて考えられるように対話する。

5．結果　～「キャリア発達するための手立ての観点」より～

（1）単元の評価

①人的環境

　陶芸体験会の参加者から直接感想を頂いたり、褒められたりすることにより、製品を楽しみにしてくれる人がいることに気付き、「きれいに作る」「飲み口がとがらないように、丁寧に磨きをしよう」という発言が増えて、意欲的に製品作りに取り組む姿が見られた。

②思考できる場面の設定

　アンケートや参加者の声を基に、お客様が欲しいと思う色や形、大きさを知ることができ、「何が売れるのか」「どんな希望が多いのか」ということを班内で話し合い、今自分た

ちが作ることのできる製品と照らし合わせながら新製品を考えて決めることができた。

③単元計画の工夫

　企画会議を設けたことにより、体験会を成功させるために自分ができる役割や友達が活躍できそうな役割を考え、班内で話し合って分担を決めることができた。

　体験会当日は役割分担を確認しながら練習してきたことを活かして、自分の役割に応じて説明したり実演したりすることができた。また、友達の役割を覚えて、説明の足りない部分を補足したり、友達がやりやすいように言葉をかけたりするなど、協力して取り組む姿が見られた。

　「教える」という立場になることで、「間違ったことは言えない」「きちんと説明したい」という思いが高まり、手順や量を守るなど正確さを意識して製品作りに取り組んだり、道具の名前や使用方法、手順などを正しく説明できるように確認したりする姿が見られた。

④言葉かけ・対話

　「どうしてだと思う？」「なぜかな？」という発問を適宜取り入れることで、生徒が意味や目的を考える機会が増え、体験会では参加者に工程を正しく説明したり、その手順の必要性を伝えたりすることができた。

参加者の質問に
自信をもって答えられた!

鋳込み成形の手順を
実演交えて説明しました。

（2）単元をとおして見られたキャリア発達の姿

①単元計画の工夫

　初めての陶芸体験会では、「緊張しすぎて小さな声での説明になってしまった」という反省を述べた生徒が、2回目には前回の経験や反省を生かし、緊張しながらも大きな声で説明し、参加者とやりとりしながら説明をする姿が見られた。また、陶芸体験会終了後には、「緊張したけど、うまくできて良かった」「ちょっと自信がつきました」と話し、以降の作業学習やホームルーム活動で、より積極的に取り組む様子が見られた。自信をもって意欲的に取り組むようになったことにより、何度挑戦してもコツがつかめなかった弓切りの工程を完璧に覚え、一人でできるようになった生徒も見られた。

　また、どうしたら参加者に正しく伝えられるかを考えることにより、担当工程の手順を一つ一つ確認するようになり、これまでは理由が分からずにやっていた工程の意味が分かって丁寧に作業できるようになった生徒が見られた。

毎時、授業の振り返りで友達の良かったところを発表し合う時間を設け、発表内容を掲示したことにより、友達の様子に目を向けられるようになり、良いところや頑張っている様子について自分から発表したり、作業後に友達に伝えたりする姿が見られた。また、友達への関心が高まったことにより、班内で協力したり、助け合ったりする姿が見られるようになった。さらに、企画会議では、振り返りで共有した友達の得意なことを生かして、「○○さんはここがすごいから、こんな係で活躍できそう」と推薦する姿が見られた。

(3) 陶芸体験会・ミニ体験会の様子

みんなが見つけてくれた
「私の得意なこと・頑張っていたこと」

初めての体験会は
緊張でうまく話せなかった。

「こうするとうまくできますよ!」

ミニ体験会参加者に手順の説明をしました!
「今回はうまく伝わったかな?」

6．成果と課題

(1) 成果

　身近ではない他者と関わる機会を設けたことにより、称賛されることの嬉しさを感じてより意欲的に取り組むようになったり、学校内では気付けなかった新たな課題を見つけて向き合ったりするなど、学習への取り組み方が変わる様子が見られた。また、他者と関わることにより、改めて身近な人との関係性に気付く様子が見られ、班内の協力体制が高まった。

　陶芸体験会の成功を目指して取り組むことによって、道具や製作方法、配慮点、工程など、これまでの学習を振り返り、その意味や価値を改めて確認することができた。「教える」という立場を経験したことにより、自分自身の必要性を感じ、取組への勝ちを見出すこと

ができた。

（2）課題

　陶芸体験会は今年度初めての取組であったため、単発的な単元となってしまったが、生徒のキャリア発達の姿がたくさん見られた。改善点を生かし、計画的に、継続した取組にしていきたい。小規模校で、学校内資源が少ないからこそ、地域資源を有効に活用して学習計画を考えていきたい。今後、生徒が社会的・職業的自立に向けて主体的に学ぶ授業づくりを目指す中で、地域協働を活かした作業学習の在り方についても検討していきたい。

学習指導要領の内容との関連＜作業学習＞

単元名	陶芸体験会をしよう！～お客様のニーズを知り、新製品を考えよう～
国　語	1段階［知識及び技能］ア言葉の特徴や使い方に関すること （イ）相手を見て話したり聞いたりするとともに間の取り方などに注意して話すこと。 （カ）日常よく使われる敬語を理解し使うこと 1段階［思考力、判断力、表現力等］A聞くこと・話すこと 　ウ　話の内容が明確になるように、話の構成を考えること。 　エ　相手に伝わるように、言葉の抑揚や強弱、間の取り方などを工夫すること。 2段階［知識及び技能］ア言葉の特徴や使い方に関すること （ア）社会生活に係る人とのやり取りを通して、言葉には相手とのつながりをつくる働きがあることに気付くこと。 2段階［思考力、判断力、表現力等］A聞くこと・話すこと 　イ　目的や意図に応じて、話題を決め、集めた材料を比較したり分類したりして、伝え合う内容を検討すること。 　エ　資料を活用するなどして、自分の考えが伝わるように表現を工夫する
社　会	1段階ア社会参加ときまり （ア）社会参加するために必要な社会生活に関わる学習活動を通して身に付けること。 　㋑地域の人々と互いに協力することの大切さを理解し、自分の役割や責任 を果たすための知識や技能を身に付けること。
職　業	1段階A職業生活－ア勤労の意義 （イ）意欲や見通しをもって取り組み、その成果や自分と他者との役割及び他者との協力について考え、表現すること。 1段階A職業生活－イ職業 （ア）職業に関わる知識や技能について 　㋐職業生活に必要とされる実践的な知識及び技能を身に付けること。 2段階A職業生活－イ職業 （イ）職業生活に必要な思考力、判断力、表現力等について 　㋐作業や実習において、自ら適切な役割を見いだすとともに、自分の成長や課題について考え、表現すること
特別の教科 道　徳	［勤労］ 勤労の尊さや意義を理解し、将来の生き方について考えを深め、勤労を通じて社会に貢献すること
自立活動	3人間関係の形成 （2）他者の意図や感情の理解に関すること 4環境の把握 （4）感覚を総合的に活用した周囲の状況についての把握と状況に応じた行動に関すること

　農耕班では、毎作業時に農耕日誌の記入を行いました。農耕日誌には、作業での1日の自分の目標や作業終了後の振り返りを記入していきました。4月の段階では生徒にとって農耕日誌を記入する時間は、「草取りを頑張ります」「苗の移植を頑張ります」などの取り組む作業内容のみが示された目標が書かれ、作業終了後には「○○を頑張った」と決まりきった振り返りを記入する時間になっていました。このような状況から、私は生徒にとって作業学習の時間は指示された作業をこなす時間になっているのだと考えるようになりました。

　そこで、指示された作業に取り組むだけでなく、作業をする意味やポイントを理解することの必要性を感じ、自分で必要なことは何かを考えて取り組んでほしいと考えました。教員が朝礼で「なぜ苗を持つときにつまむのではなく、2本の指で挟むのか」「なぜじゃがいもの種芋の切り口に草火灰をつけるのか」と一つ一つの作業内容の意味を確認したり、「作付けでは、じゃがいもを落とさないように気を付けよう」「ポットに土を入れるときは、8分目まで入れよう」と作業で気を付けることを伝えたりして共に作業学習に取り組むようにしました。そうしていく中で作業中に、生徒から「分量はこれでいいですか？」と朝礼で確認したことの質問を受けたり、「苗をつまんでしまいました」と間違いに気付いたことの報告を受けたりと、朝礼で確認した作業に取り組む意義や作業時のポイントを意識して作業に取り組んでいるように感じることが多くなりました。また、作業に取り組む中で4月の段階では見られなかった教員の指示を待つのではなく、自分から作業時に必要なものを準備しようとする姿や周囲を見渡して気付いたことを教員に報告する姿など、自分で考えて行動し、作業に自主的に取り組む姿勢が見られるようになりました。

　一年間をとおして「なぜ、なんのために、何を、どのように」を意識して作業に取り組むようになったことで、様々な生徒の変容を目にすることができました。「頑張ります」「苗の移植を頑張ります」と記入していた生徒が、「大根と白菜の収穫を集中して最後まで頑張る」「じゃがいもの作付けでは、じゃがいもを落とさないように頑張る」と作業のポイントを意識して目標を記入できるようになりました。今では農耕日誌を記入する時間が充実した時間になり、生徒が深くその日の作業について振り返ることができるようになったと感じています。

　また、対話をとおして一日の振り返りを大事に行ってきたことで、自分たちの行っている作業について自信をもてるようになり、発言することも増え、次時の課題も見つけられるようになりました。販売会でお客様に聞かれても自信をもって答えることができるようになってきたことも大きな成果です。

　「なぜその作業をするのか」「何に気を付ければ良いのか」「その作業をするとその先の野菜の成長にどう影響するのか」を意識して作業の目標を立て、取り組み、振り返り、反省を次の作業に生かすことができるようにしたことが、生徒の作業へ取り組む姿勢の変化や成長につながったと感じています。

Column
コラム

児童・生徒のキャリア発達エピソード⑩

　縫工班ではミシンを使って製品作りに取り組んでいます。縫工班の生徒たちは、昨年度から所属する生徒と今年度初めて活動する生徒がおり、ミシンの操作の技量には差がありました。そこでまず、ミシンの操作が初めての生徒にミシンの基本的操作の知識の定着を図るために全員でコースターや布巾作りに取り組みました。どちらの製品も直線縫いで行うことができ、上糸の通し方や下糸の巻き方も同時に覚えられる製品です。昨年度から引き続きの生徒についても、ミシンの操作を復習しつつ、完成まで一人で進めることができる製品なので、年度のスタートの活動として選びました。これから様々な製品を作っていくために必要な基本的操作を習得してほしいと願い、スタートして1ヶ月くらい経つと、ほとんどの生徒は直線縫いを一人で行い、糸が無くなった時には自分で交換できるようになっていました。一から操作を覚えたミシンを一人で使いこなそうとする姿にまずキャリア発達する姿を見ることができました。

　次のステップとして、細かい部分を縫ったり、筒状の部分を縫ったりと少し技術が必要になる巾着袋やアームカバーなどの製品作りに取り組みました。この頃には技能の習得に差が出てくるので、作業工程をいくつかに分け、個々の技量に合った工程を担当できるように配慮し、主体的に取り組むことができるようにしました。直線縫いの部分を担当する生徒や筒縫いを担当する生徒が分担、協力してみんなで一つの製品作りに取り組んでいるということを意識できるような言葉かけ、雰囲気作りに努めました。さらに長い距離の直線縫いや曲線縫いなどを習得した生徒は、エコバッグやエプロン、ポーチ作りなど、難易度の高い製品作りに取り組みました。生徒は着実にミシンの技能を身に付け、指示された作業を正確に行えるようになってきました。しかし、この頃の取組から、生徒が見通しをもって製品作りに取り組めているかという課題が見えてきました。「私はアームカバーを作っている」「今縫っている部分は巾着袋のこの部分です」と自信をもって答えられる生徒がどのくらいいるだろう。自分の担当している作業工程がどのように製品になっていくのかをはっきりと見通して作業に取り組むという視点から考えて、適切な分担ができているかということを教員同士で検討しました。その結果、さらにステップアップした目標を設定する必要性があるという結論に至りました。

　さらなるステップとして、布選びや裁断を含めた製品作りの全行程を、生徒が一人で担当することにしました。少し先にある地域での販売会を目標に、買ってくれる人の顔を想像しながら布を選び、裁断し、丁寧に縫い進めることで、見通しと責任をもって製品作りに取り組めるのではないかと考えました。販売会という目標が具体的にあることで、みんなが意欲的に取り組むことができました。友達が作っている製品に興味をもち「次はエプロンを作りたい」という意欲につながったり、「次はこう縫えばいいですよね？」と自ら教員に聞きに来る主体性が生まれたりと生徒の前向きな姿勢につながりました。今まで教員の「ここからここまで縫ってください」という指示通りに丁寧に縫うだけだった生徒が、自分が一から作った製品をお客様が買ってくれたという喜びを味わった時、キャリア発達につながるのではないかと期待しています。

「陶芸体験会の先生、私できたよ」

　Kさんは大好きなアニメの曲や台詞を口ずさみながらですが、自分のできることに集中して取り組んでいます。担当した教材室の掃除や給食時に使用するちらしを使ったごみ箱作りなど、丁寧に時間いっぱい行っています。家庭では登校前に洗濯物をハンガーに干す手伝いを毎日行っているそうです。

「流し込みの粘土がこぼれる、うまくできない」

　Kさんは4月から陶芸班所属になり、泥しょう流し込み成形の手順や流れを覚え、丁寧に作業を進めていくことができるようになりました。初めの頃はポットの操作に慣れず、型枠からこぼれるほどの粘土を注いでしまうこともあり、「失敗したの、もういい、やらない」と意欲をなくしたかのような様子を見せることもありました。そばに行き「この線まで来たら、ゆっくり少しずつ入れるといいよ」と段階的に説明や手順を示し、「Kさんだったらできるよ」「やってごらん」と励ましていくやりとりの中で「わかりました」「やってみます」と、また挑戦することができるようになりました。このやりとりでは「今のやり方では自分は上手くできない」「この方法ではやりたくない」と、今の自分の状態を自分なりに理解し、気持ちを伝えてきたものと捉えられます。教員からの説明や励ましを受け、「私もできる」と前向きに考え、作業へ向かう姿へと結びついていったのでしょう。

「陶芸体験会の先生になった！うまく説明できたよ」

　単元「陶芸体験会をしよう」では、新しい仕事として継ぎ足しの工程に取り組みました。泥しょうの粘土の継ぎ足しは、製品の厚さを出すために石こう型が水分を吸収して減った量の粘土を追加します。少量の粘土ですむため、型枠の粘土量を確認して、ポットの傾きを調節しながら注ぐ量を加減する難しさがあります。

　継ぎ足す工程に関心をもてるように、手順やポットの動かし方などポイントごとに丁寧に説明をするようにしました。また、「できる」という気持ちをしっかりもてるまで、そばで一緒に作業し、困ったときにはすぐに質問に答えるようにしました。

　体験会までに繰り返し練習していく中で、分からないときには自分から質問するようになり、前日までリハーサルを行い、体験会の準備を意欲的に進めていました。

　体験会本番では、「流し込みをやってもらいましょう、Kさんお願いします」の呼びかけに合わせて、自信をもった様子でちょうど良い量の粘土を流し込むことができました。手本を終えたKさんは、やり遂げた達成感が周囲に伝わるほどにこやかな表情を見せていました。

「私の夢」

　Kさんは、「卒業後に働いて貯めたお金で、高3の時に修学旅行で行った京都に家族で旅行したい」という夢をもつことができました。進路先で新しい仕事が巡ってくることがあっても、途中で諦めずに、わからないことは聞いて、教わりながら仕事に取り組み、夢に向けて頑張ってくれることでしょう。

Column
コラム

児童・生徒のキャリア発達エピソード⑫

教職経験1年目　高等部

　4月に作業班の配属発表があり、よしず班になった2、3年生はがっかりした様子でした。なぜだろうとずっと考え、その理由が分かったのは初めての校内販売会でした。生徒たちが大きな声で「いらっしゃいませ」「よしず、いかがですか」と呼びかけても製品が売れることはなく、次第に生徒たちはあきらめた表情に。私はその顔を忘れることができず、よしず班の生徒が作業に誇りをもち、売れる喜びを感じることができる環境を作ることがキャリア発達への第一歩だと考えました。よしずはサイズが大きいこともあり、手軽に持って帰るという点では大きな課題があります。いすみ祭単元で体験コーナーを行うことになり、体験した人が持って帰ることができる製品があればお客様が来てくれるかもしれないという生徒からの意見があり、ミニミニすだれを作ることが決まりました。体験コーナーを終えると、お客様から「ミニミニすだれを販売してほしい」という声をいただき、生徒からは、「飾りをつけたらかわいくなるかも」という意見が挙がり、部屋に飾ることができる「インテリアすだれ」が新製品として完成しました。

　公開研究会で初めて「インテリアすだれ」を販売すると見事完売。公開研究会までは「自分が作った物は売れない」「売れなかったら自分で買う」と消極的な発言をする生徒がほとんどでしたが、公開研究会を終えて、「次はこういうテーマで作りたい」「もっとたくさん作ってたくさん売ろう」と積極的な発言が多くなりました。また、今までは生徒同士での対話が少なく、どうしたら対話し合い、お互いに意見を出し合うことができる環境になるかを教員間で話し合っていましたが、販売を終えると接客担当だった生徒が班員に「全部売れたよ」と急いで伝えに行き、一緒に喜んでいる様子がありました。これをきっかけに次の単元では生徒から「お客様の笑顔を見るために心のこもった製品を作ろう」という目標が挙げられました。心のこもった製品とは何かを聞くと、「きれいなすだれ」「お客様が買って良かったと思ってもらえる製品」というように、今までは質問に対してあまり意見を言うことがなかった生徒から多くの意見が出るようになりました。授業参観等を利用して、保護者に「どういう製品が欲しいか聞いてみる」と生徒たちから行動を起こし、お客様の意見を取り入れる姿が見られました。1年間を振り返ると、初めは「まあいっか」「適当でいいや」と消極的な発言が聞こえていましたが、公開研究会をきっかけに「こうしたら売れそう」「作業が楽しい」という積極的な声が増えていきました。

　作業学習最終日には、3年生から「卒業後もお客様の笑顔を大事にすることを忘れず頑張りたい」、1、2年生から「来年もよしず班がいい」という声を聞くことができました。1年間の中で教員が主導して進めていく作業学習から、生徒が自ら考えて取り組み、工夫していく作業学習に変化したことを感じました。この経験から、生徒たちは苦手としていた話し合いの場面で自分から手を挙げて発言する様子が見られるようになり、他の学習場面でも自分の言動に自信をもって生活できるようになったと感じています。

1．はじめに

　キャリア教育研究を進めるに当たって、先進校視察を行い、愛媛大学教育学部附属特別支援学校をはじめとする千葉県内外の特別支援学校の公開研究発表会（以下、公開研）に参加させていただいた。どの学校も研究内容や実践は洗練され、参考になるものばかりで、児童生徒が生き生きと学習に取り組む姿に刺激を受けた。他校の実践発表や熱のこもった協議から自身の実践を振り返り、「うちでもやってみたい」「こう整えれば良いのか」といった新たな思いや気付きを得る大変貴重な機会となった。

　この経験を生かし、本校では、研究指定を受けた3年間で、2018（平成30）年度と2019（令和元）年度の2回、公開研を開催した。学校としては、数年ぶりに開催される公開研であり、公開研への参加や開催の経験がない教員が多い現状があった。近年、教員の年齢構成の二極化が指摘されているが、本校も同じ傾向を示している。正直なところ、若年層といわれる教職経験十年以下の教員が半数を占める本校で、開催経験のない公開研を運営できるのか、通常業務に加えての開催は負担が大きすぎるのではないかという思いもあった。しかし、3年間の取組の中で、研究授業をとおして「児童生徒のキャリア発達について考えることの価値」や「自分の考えを言語化し、協議することで得られる気付き」を体験していた本校では、反対の声ではなく、賛同や協力の声が多く挙がった。これは、キャリア教育研究をとおして教員自身の考え方や向き合い方が変化した結果であり、紆余曲折を繰り返しながらも学校全体で研究を進めてきた成果だと感じた。負担が大きいとは分かっていても、それ以上に得られる充足感を目指すことができる学校となったことにより、開催が実現した。運営に当たっては、全校職員が一人一役以上の役割を担い、まさに学校が一丸となっての開催となった。

2．参加者を交えたグループ協議

　公開研における研究授業の協議は、3年間の取組を生かし、小グループでの実施とした。協議グループは本校教員だけで編成せず、参加者やキャリア教育研究協議委員にもそれぞれ入っていただき、様々な視点からの意見交換により、協議が充実することを目指した。初めて来校いただい  た方々も協議に参加しやすいように、事前に「協議の柱（観点）」や本校における「キャリア発達の捉え」「キャリア発達を支援する手立ての工夫」などを示し、協議に当たった。

　小グループ協議としたことで意見交換することへのハードルが下がり、忌憚のない意見を頂いたり、時間が足りないと感じるほど白熱した協議を交わしたりすることができた。小規模校である本校は、校内のみの協議では議論の広がりや深まりに限界がある。多数の参加者が来校し、新たな価値観に触れたり情報を交換したりする経験は、大きな学びの場

となった。

3．教員の協働によるポスター発表

　3年間のキャリア教育研究をとおして学んだことや成果、課題について、テーマごとにポスターを作成し、公開研で発表した。ポスター発表の目的は、「①ポスター作成をとおして、自身の取組やこれまでの研究成果を振り返り整理する機会とする、②ポスター発表での意見交換をとおして、教員のキャリア発達を促す、③全職員が一丸となってキャリア教育研究に関するポスターをまとめることで、組織力向上を目指す」ことである。この取組は、菊地先生からのご助言もあって実施に至ったのだが、計画当初、公開研同様にポスター発表についても経験がなく、初めて取り組むという教員が多数いた。そのため、他校よりポスターをお借りし、ポスター発表についての共通理解を図る研修会を実施してから取組を進めた。以下に、ポスター発表に向けた準備段階やポスター発表当日の様子から、本取組の成果を紹介する。

（1）ポスター発表に向けて

　これまでの研究の取組では、小中高縦割りのグループ協議を主としてきたため、ポスター発表についても学部縦割りを基本としたグループ編成とした。それぞれの学部の立場から意見交換を行うことにより、各自の見方や考え方を広げて協議を深め、小中高の連続したキャリア教育の在り方について検証するためである。グループは、9つのテーマから希望をとり、それぞれの経験や実践等をもとに編成した。（表1）
　ポスター作成に当たっては、次のように確認し、共

表1　ポスターのテーマ一覧

No.	テーマ	担当人数（名）
1	他学部体験研修から考える小中高の系統性	小2、中1、高2
2	校務分掌における小中高の系統性	小1、中2、高2
3	教員のキャリア発達	小1、中2、高3
4	本人の願い	小2、中1、高2
5	カリキュラム・マネジメント	小2、中1、高3
6	卒業後の自立に向けた支援	小2、中1、高2
7	小学部の地域協働	小3
8	中学部の地域協働	中3
9	高等部の地域協働	高3
10	研究の取組（掲示のみ） ①小中高の連続性・系統性 ②教育課程全体を通じたキャリア教育 ③新学習指導要領と本校の研究実践 ④地域との協働によるキャリア教育	（研究部） 小1、中1、高1

①テーマに沿った自身の取組や学校全体での取組をもとに、グループ内で記載内容を検討し、ポスターを作成する。内容は、発表の際に参加者にアドバイスをもらえるきっかけにもなるため、成果だけでなく課題や悩んでいること、結果が出ていないことについても記載する。
②サイズはA3用紙9枚分でポスター1枚とし、グループで1〜2枚作成する。発表時間が短いため、見る人が分かりやすいようにレイアウト等の工夫をする。補足資料を配布しても良い。

通理解を図って取り組んだ。

　ポスターの作成をとおして、記載できる内容には限りがあることから、「この取組での成果や課題は何か」「伝えたいことは何か」を焦点化し、グループ内で話し合うことによって、取組の意味や価値を捉え直すことができた。また、自分たちの考えや意見を視覚化して整理したことや発表という説明責任が生じたことも、実践の理解を深めることにつながった。作業時間の確保には難しさもあったが、グループ内で議論を重ね、作成や校正などを分担し、協働して進めることができた。

（2）ポスター発表を終えて

　公開研当日は「5分説明、5分質疑応答」のセッションを4回行った。9つのポスターの前に多くの参加者が並び、まとめ上げた内容を一生懸命説明する本校教員の姿があった。質問に答えたり、新たな情報を聞き入れたりしながら議論する姿は、学校という垣根を越えて共に学ぶ姿であった。どのグループも自分たちの学びについて自信をもって説明する姿が見られ、同じグループの教員は絶妙なタイミングでフォローをしたり資料を提示したりと、協力しながら発表に当たった。当初は、負担が大きいのではと考えていたポスター発表だったが、実際にやってみると「作成をとおして理解が深まった」「緊張したけれど、グループ内で協力し合って成し遂げられた」といった感想が聞かれ、充実した取組となった。

4．児童生徒の学ぶ場としての公開研

（1）児童生徒が活躍する公開研

　キャリア教育研究先進校の公開研では、研究概要や授業展開、協議、講話などから学ぶだけでなく、児童生徒からおもてなしを受け、感動するということも体験できた。これまで、公開研とは教員が運営し、教員が学ぶ場と思っていたが、公開研の場で授業以外でも活躍する児童生徒の姿を見て、子どもにとっても学ぶ場となることを知った。そこで、本校でも教員による、教員のための公開研としてではなく、児童生徒も活躍し、学びの場となる公開研にしたいと考え、実施することとした。

　公開研に向けて、各学部で児童生徒と話し合い、参加者の方々を迎えるに当たって、自分たちにできること、やってみたいことを考えた。小学部では、自立活動の時間に取り組んでいる折り紙の活動を生かして、ペーパークラフトの小物入れを作成し、湯茶のティーバッグ入れとして活用した。中学部では、作業学習で作製した花苗とクラフトテープ製のかごとでフラワーポットを作成し、各会場や控え室、廊下、トイレなど公開研の会場を装飾した。高等部では、公開研当日の受付や会場案内、弁当引き渡し、

作業製品販売などの役割を、下校時間に支障のない自力通学生を中心に分担し、おもてなしした。受付で配布する名札は、情報科の授業で生徒が作成したり、作業製品販売の準備や方法は各作業班で話し合って工夫したりした。加えて、高等部3年生からこれまで校内に掲示していた「キャリア標語」を作り直してはどうかという意見も挙がった。最高学年としてこれまでの経験を振り返って「学校生活で大切にしてほしいこと」を考え、在校生に向けたメッセージ標語を作成して廊下や階段を飾り、校内の環境整備を行った。

（2）公開研でのおもてなし

公開研当日、緊張しながらも自分の担当場所へ向かい心からのおもてなしをする生徒の姿があった。「なぜ、丁寧な言葉で話すのか」「なんのために、案内係があるのか」「どうやったら、分かりやすく案内できるのか」、これまでの練習で学んだことを存分に発揮し、自分の役割に一生懸命取り組む姿が見られた。また、湯茶コーナーでは立ち止まって小物入れを手に取る参加者の姿が、廊下では校内を移動する際にそっと花に手を伸ばして眺める姿が垣間見られた。直接的な関わりではなくても、児童生徒のおもてなしの心は伝わったのではないだろうか。

授業の後にも、弁当引き渡しや作業製品販売、体験コーナーなどにおいて、下校までの時間、精力的に活動し、参加者と関わる姿が見られた。生徒からは、「練習よりうまく説明できた」「笑顔を褒められて嬉しかった」と肯定的な感想が多く挙がった。自分の思ったようにいかず「もっと早く気付いて渡せたら良かった」という感想もあったが、実際に経験したからこそ湧き上がった気持ちであり、どうしたら良かったか、次はどうしたいか、と考える姿はまさにキャリア発達だと感じた。

5．おわりに

本校における数年ぶりの公開研は、準備・運営や研究授業協議、ポスター発表と全校が一丸となって取り組んだことにより、充足感あふれる貴重な経験となった。参加者や本校職員から「やって良かったね」「勉強になった」という言葉が最後に聞かれ、開催の大きな意味があったと感じている。児童生徒にとっても、身近ではない他者から自分の頑張りを褒められ、感謝される経験や、緊張しながらも「なぜ・なんのために」を実践し、体感する経験は、貴重なキャリア発達の機会となったと捉えられる。

私たち自身が3年間「なぜ・なんのために」を問い続け、見直してきたからこそ、公開研の意味や価値を捉え、教員も児童生徒も協働しながら積極的に取り組む学校へと変化していったのではないだろうか。公開研は、学びや成長を得られる機会であることを共有し、児童生徒も教員もキャリア発達していくために、今後も意味や価値を捉えることを怠らず、より良い学習活動を追求していく学校で在り続けたい。

「今日は誰が来てくれるかな?」11月の公開研究会の当日、Lくんが発した一言です。

Lくんはもともと大きな音が苦手な傾向があり、狭い空間に多くの人が集まったり、大勢での話し声が聞こえたりすることを嫌がる傾向がありました。そのため、学部で集会を行うことや授業参観で多くの人が教室に集まることを不安に思う様子が見られていました。

しかし、近隣小学校との三度の交流会や毎学期行われる授業参観、公開研究会等を経験するうちに、たくさんの人に見てもらう喜びや一緒に過ごす楽しさを感じ、積極的に関わることができるようになっていきました。

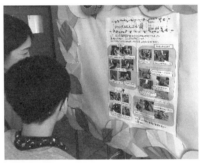

6月の単元「ようこそ!『おさかなワールド』へ」では、自分たちの遊び場に友達を招待することを繰り返すうちに、来てもらえることを楽しみにするようになり、「次は中学部を招待したい」「高等部の人は来るかな」と誰に来てもらおうかと次から次に考えるようになりました。校内研究会の日は、いつも以上に多くの人が遊び場にいて、初めのうちは少し緊張した様子も見られましたが、その日の振り返りの時間には「人がいっぱいいて驚いたけど、楽しかった」と自分たちの遊び場を見てもらうことができた嬉しさを感じたようでした。

11月の単元「ぼうけんジャングル」では、6月よりも広い遊び場となり、たくさん遊べるものができましたが、毎回小学部の友達や教員全員で遊ぶことになったため、Lくんがその場に慣れることができるか心配でもありました。しかし、教員の心配をよそに、初日から友達や教員と一緒に時間いっぱい楽しく遊ぶ姿がたくさん見られました。

そして、公開研究会の当日。多くの参観者を前に、得意のターザンロープを披露したり、自分たちの遊び場を見てもらえる嬉しさを感じながら遊んだりしている様子がありました。参観者の名札を見ながら、「〇〇先生と同じ名前だ」と話しかけたり、参観者に「どの遊びが楽しいの?」と聞かれると、「ターザンロープ」と指さして教えたりする姿も見られました。初めて会う人と会話をすることが苦手なLくんだったため、この様子はとても驚きで成長を感じられる場面でした。

今でも、学級に掲示してある二度の公開研究会の日の写真を見ながら、「人がいっぱいいたね」「また遊びたいね」と言うことがあり、Lくんにとって、多くの人がいる環境でも楽しく過ごすことができたという達成感や見てもらえたという満足感を感じられる、とても良いキャリア発達の機会となったと感じています。

Column
コラム

児童・生徒のキャリア発達エピソード⑭

教職経験1年目　中学部

　中学部のMさんは発語が明瞭ではありませんが、友達や教員とのコミュニケーションを好み、言葉や身振り手振りで自分の思いを伝えようとする姿がたくさん見られる生徒です。授業では、「発表したい」という気持ちはあるのですが、教員の問いを十分に理解しないまま挙手をし、答えられない場面が多く見られていました。音声言語の情報だけでは、問われている内容を十分に理解することが難しいと考え、教員が隣でホワイトボードにイラストを描きながら問いの内容について説明するようにしました。「いつ、どこで、だれが、なにをしたのか」をイラストで表したことで、言葉と場面が連想され「あぁ！」と理解したことを表情で伝える姿がありました。教員からの問いが理解できた後は、それに対してのMさんの考えを引き出せるように、Mさんに簡単な質問をし、「○」「×」の2択で答えられるようにしました。質問を繰り返し行うことでMさんの考えを一つに整理し、みんなの前で発表できたことで、「Mさん、なるほど！」「すごいね！」と称賛の言葉をかけられるようになり、「自分の考えが友達や教員に伝わった」という実感を得ることができました。この経験が、「自分の思いを整理してから伝えたい」という気持ちの変化につながったように思います。その行動は授業だけでなく、日常生活の中でも見られるようになり、Mさんの一方的な思いだけでなく、相手のことを考えたコミュニケーションに変わっていきました。

　公開研究会当日の授業の中で、「次に取り組んでみたいことは？」という問いがありました。教員がいつものようにホワイトボードで問われていることを説明すると自分から手を挙げ、「花」とジェスチャーで表現し、「花を飾りたい」という思いを伝える姿がありました。

　「問われていることを理解して答えよう」という気持ちが生まれたことで、問われていることは何かを考え、相手に伝えようとする気持ちにつながっていったと考えています。

Nさんの様子〜自信のなさ〜

　Nさんは、意見を聞かれても消極的な発言が多く、頼まれると仕方なくやるということが多くありました。自己肯定感が低く、日常生活でも「どうせ私なんて」と否定的な言葉も多く聞かれていました。そこで、Nさんに願う姿を作業班の教員で話し合い、「自分に自信がもてる経験」ができるよう、計画を立てて支援することにしました。

今までの作業の様子〜失敗から学んだこと〜

　いすみ祭の事前に実施した「すだれ編みのプレ体験コーナー」では、うまく説明できない場面もあり、自分が思い描いたようにはいきませんでした。「私には無理かもしれない」と、とても落ち込んでいました。この体験で、Nさんは「失敗から学ぶ」という大切なことを知ることになりました。教員と共に「どこがどうだめだったのか」を振り返り、「次はどうするのか」を自分なりに考え、答えを出していきました。また、自分で考えるだけではなく、体験に来てくれた教員からもアドバイスをもらい、反省点を生かしていすみ祭に挑みました。いすみ祭当日、すだれ編みの体験コーナーには自分なりに出した答えを胸に、相手の気持ちを考えながら言葉を選んで説明をし、丁寧に接客するNさんの姿がありました。お客様から「教え方が上手だった」「ありがとう」と称賛や感謝の声をたくさん頂き、笑顔があふれていました。単元の反省会では、「体験コーナーが楽しかった！」という感想を述べ、落ち込んでいたことが嘘のように、自信に満ちた明るい笑顔を見せていました。また、「次はもっと〇〇したい」と次への意欲を発表する姿もあり、自分で考え、気持ちを伝えることへの自信にもつながったと感じています。

公開研究会での様子〜自分の存在の大切さに気付く〜

　Nさんは大きく変わっていき、年度最後の単元では「何を大切に取り組みたいか」という問いに「お客様の笑顔のために」と答えていました。販売の運営方法を考える班会議でも、自分から「もう一度体験コーナーをやりたい」「本物を見せたいから、すだれではなく、一番尺が長くて難しいよしず編みで行いたい」と意見を述べました。よしず編みは工程が増える分、体験コーナーでの説明も難しくなります。それでもNさんは挑戦することを選んだのです。いすみ祭での経験を生かしながら説明の練習を重ねる中で、うまくいかないときには自分で考えて改善したり、「もっとうまくなりたい」と自分から依頼して作業班だけでなく他の教員にも体験してもらったりするようになっていきました。公開研究会当日、練習と改善を重ねたNさんは自信に満ちあふれ、周囲がつい注目してしまうほどの気持ちの良い笑顔で接客していました。多くの人から「素晴らしいね」「笑顔がとっても良かった」「分かりやすかった」と称賛を頂いたり、友達から「堂々としていてすごいよ」「Nがいてくれて良かった」と認められたりすることで、さらなる自信がつき、自分が班に必要な存在だと気付くことができました。その自信は作業学習だけでなく生活の場でも見られ、前向きな言葉や活動への積極性が増し、何よりも笑顔が多く見られるようになりました。Nさんが「体験コーナー」をとおして得た経験と自信が、卒業後の人生を支えるものとなることを願っています。

Column
コラム
児童・生徒のキャリア発達エピソード⑯
教職経験8年目　高等部

人と関わることが大好きなOさん

　Oさんは自分から笑顔で挨拶をしたり、近付いて行って手を振ったりと、人と関わることが大好きな生徒です。発語は少ないですが、生徒や教員の会話を真似たり、指さしをしたりして会話を楽しんでいます。在籍1名の重複学級のため担任以外との関わりが少なく、集団での授業になると周囲の友達や教員の様子に注目していることが多くありました。学習そのものよりも「人と一緒にいて関われること」に関心の高い生徒です。一方で、好きが乗じて友達の声や様子に興奮し、自分の学習から関心が逸れて再開するまでに時間を要したり、大きな声が止まらずに離席したりするという一面もありました。

　Oさんには、人が好きだからこそ集団の中でも仲間と共に活動してほしいという教員の願いがありました。そのため、学級で一人きりで行う学習だけでなく、集団での学習にも取り組めるように、作業学習や学年での授業、行事などにおいて学習集団構成や学習内容の精選、友達と一緒にできる活動の工夫をしました。Oさんは、周囲の友達や教員を気にしながらも自分の学習に向かい、手元を見て取り組む場面が少しずつ増えていきました。

自分の得意を生かして！

　作業学習では陶芸班に所属し、板状の粘土（たたら）を型紙に沿って切り取り、石膏型に粘土を置いてタンポで皿の形を整える「たたら成形」の工程を担当しました。片麻痺があるものの、物を握って上下に動かす作業が得意なため、自分でタンポを持つと一定のリズムでたたき続け、きれいに成形することができました。これまでは関わりがほとんどなかった生徒から、「タンポうまいですね」と話しかけられるようになり、嬉しそうな表情を見せていました。多少の時間はその生徒に興味が向いていましたが、次の材料を提示すると、再び作業に取り組む姿がありました。自分が得意なことを学習内容とすることで、集団の中でも自分の学習に取り組みつつ、友達との関わりをもつことができるようになっていきました。

仲間と共に、自分らしく

　公開研究会で展開した単元は、地域の方を学校に招き、陶芸班の取組を紹介したり、生徒が教える側になって皿作りをしたりする「陶芸体験会」の取組でした。その中で、Oさんはたたら成形の実演をする役割を担いました。初めて地域の方が来校したときには、興味深そうに地域の方を見ることはありましたが、元気な挨拶や積極的な関わりは見られず、すぐに好きな友達や教員に目が移っていました。しかし、自分の役割になると周囲を見渡した後に、自分から目線を手元に移し、タンポを上下に動かして成形する様子がありました。その後、顔を上げて周囲を見渡し、「うまいでしょ」と言うようににこっと笑っていました。周囲からは、「うまいね」「Oさん、実演できた」という声が挙がり、ことさら嬉しそうに、そして得意そうに取り組んでいました。終了後には、参加者から「教えてくれてありがとう」と言われるとにっこり笑い、いつも友達や教員にするように手を差し出して関わろうとする姿が見られました。他者からの感謝や称賛により、自信をもって自分の活動に取り組み、身近ではない人に対しても自分から関わろうとすることができたOさん。この経験が、集団の中で自分らしく楽しんで生活する一助となることを願っています。

公開研究発表会の意義

弘前大学大学院教育学研究科　教授
菊地　一文

　筆者はこれまで多くの公開研究発表会（以下、公開研）に参加してきた。特別支援学校の教員だった頃は一参加者、あるいは公開する側として、近年は講師として参加することがほとんどであるが、公開研は学校や教職員にとって、そして何よりも児童生徒にとって特別な意味をもつと実感している。公開研はなんとも言えない緊張感と、どのような結果となったとしても何らかの手応えが得られる特別な場であると捉えており、公開研の実施の有無は学校のチーム力にも影響していくと考えている。

　教職員にとって一般的に公開研は何らかの事業の受託や研究指定に伴う「大変なこと」「させられるもの」というイメージやそのための準備といった「負担感」がつきまとうものかもしれない。しかしながら、学校が法令や学校教育目標に基づいて編成する教育課程に基づいて日々行っている授業を公開することや、学校としての理念と方向性を踏まえ実践を追求する「学校研究」について発信していくことは、学校にとって、そして教員自身にとって大きな意味をもつ。それは、参加者に発信し説明することによる、意見交換をとおした気付きと新たな学びを得る機会となるからである。

　さて、新学習指導要領では、前文にこれからの教育課程の理念として下記に示す「社会に開かれた教育課程」の実現を掲げている。

①社会や世界の状況を幅広く視野に入れ、<u>よりよい学校教育を通じてよりよい社会を創るという目標を持ち、教育課程を介してその目標を社会と共有</u>していくこと。
②これからの社会を創り出していく子どもたちが、<u>社会や世界に向き合い関わり合い、自らの人生を切り拓いていくために求められる資質・能力</u>とは何かを教育課程において明確化し育んでいくこと。
③教育課程の実施に当たって、地域の人的・物的資源を活用したり、放課後や土曜日等を活用した社会教育との連携を図ったりし、<u>学校教育を学校内に閉じずに、その目指すところを社会と共有・連携しながら実現</u>させること。※下線は筆者

　このように学校が地域や社会に「開いていく」こと、しかも学校の根幹となる教育理念と方向性を示し、具体的な取組として授業実践を公開し、開かれた協議を行うことは、まさに学校が「なぜ・なんのため」「なにを」「どうしている」のかを広く発信し充実を図るための大事な機会となる。また、普段取り組んでいることについて、いつ問われるかもしれない（言い換えると保護者をはじめ問われる可能性は常にある）諸々の事項について実践をとおして説明し、よりよくするために意見交換する場でもある。

　教職員にとっては、日々実践をとおして取り組んできたことや大切にしてきたことなどの意味を再確認し、学習指導案や研究紀要といった形で文字化したり、ポスター発表やグループ協議をとおして言語化したりすることにより、新たな気付きを得る機会となる。これまで取り組んできたことの意味や価値に気づいたり、新たな課題を認識したり、そして

その課題に対する解決方法や新たな手かがりを見つけたりする場となる。保護者から見ると、我が子と真摯に向き合い、社会的・職業的自立に向けて基盤となる必要な資質・能力の育成に努めている教職員の姿を見ることは何よりも信頼に値するのではないだろうか。また、在籍する児童生徒一人一人のために尽力し、時には教育活動の充実を図るために学校外リソースとのつながりを切り開き、他者と協働し熱く語る教職員の姿を見たときに保護者はどう思うだろうか。きっと頼もしく、そしてうれしく思うに違いない。

　公開研は学校という組織にとって意味のあるものと捉えられがちであるが、上述したように教職員一人一人にとっても大きな意味や価値をもつものである。では、児童生徒にとってはどうだろうか。

　夷隅特別支援学校では、公開研をとおした児童生徒の「キャリア発達」についても着目し、様々な役割をとおした児童生徒の内面の育ちを大切にしている。全国各地から自分たちの学校、自分たちの学びを見に来てくれる人がたくさんいるということは、児童生徒にとってまさにドキドキであり、ワクワクでもある。授業のほかにも公開研のために資料を印刷したり、封入したりする作業活動がある。あるいはスリッパをきれいにしたり、教室環境を整えたりする活動がある。さらには初めて会う様々な人に挨拶し、笑顔で出迎える必要性が生じる。知っていてできる側である児童生徒たちが、知らない側である外部からの参加者に対して受付をしたり、案内をしたり、お茶を準備したりする。指導・支援を受ける側から、指導・支援をする側に「役割」を転換し、しかもアウェーの場ではなくホームグラウンドで対応できるという、普段の学校に社会を取り込む貴重な機会となる。

　大事なことは、すべて「させられる」活動ではなく、児童生徒が「なぜ・なんのため」このようなことが必要なのかを考え、実感する契機となるということである。下請的な作業負担を強いるということや、単にこなせばよいということでは決してなく、公開研は児童生徒にとっての学びの必然性を大切にする機会となる。発語の有無など多様な障害の状態があったとしても、いつもとは違った「特別な日」であることを感じているであろう。公開研はこのような普段とは違った空気感の中で、児童生徒それぞれが何らかの「思い」をもち、それが「ふるまい」として表出される場面であると考える。なんと言っても日頃関わりのない知らない相手に自分たちのこれまでの学びを伝えたり、技術を教えたり、その結果「すごいね」と認められる経験となるのである。このことは普段の学校生活では得がたい貴重な機会であるとともに振り返りがいのある「キャリア発達」を促す学びそのものである。なお、教職員も児童生徒と同様に緊張し、共感できる状態にあり、そしてそれを共に乗り越えることになるのだから、物事に向き合い、そして乗り越え、振り返るまたとない機会となるのである。

　筆者はすべての学校において公開研的な取組を進めてほしいと考えている。児童生徒を中心に学校のチーム力を高める機会として、児童生徒にとって普段得がたい大事な学びの場として、そして保護者や地域から信頼を得る場として、である。どの学校も学習指導案を作成し授業を見合う機会や学校を公開する機会が毎年あるはずである。成果発信に捉われず、プロセスや問題意識をもって日々取り組んでいることを見合い、共に解決に向けて

対話していくことが肝要である。「公開研究発表会」という名称が堅苦しく負担感をもってしまうとしたら、名称を変えるのも1つである。毎年開催でなくてもよい。いつかこのような機会が各地で積極的に行われるようになることを願っている。

第3部

共生社会の形成に向けた地域協働活動

- ●地域協働に向けて

- ●小学部の地域協働活動

- ●中学部の地域協働活動

- ●高等部の地域協働活動

地域協働に向けて

1．地域とは、協働とは

　キャリア教育では、「社会の中で自分の役割を果たしながら、自分らしい生き方を実現していくこと」を大切にしている。本校では、社会（地域）との協働の捉え方をそれぞれの学部で検討し、共通理解を図った。また、これらは学部間の連続性も明らかにすることにもつながった。

	小学部	中学部	高等部
地域の捉え	・児童が生活している中での身近な人たち	・「地域をより良くしたい」という同じ思いをもつ地域の方々 ・クリーン作戦で活動した学校周辺の人、もの、場所 ・学校の所在地、いすみ市	・学校よりも外の社会 ・学校のリーダーとして、学部を越えての関わりや学校全体に関すること
協働の捉え	・身近な人たちとの関わりの中で、自分たちの活動に価値を見出し、自己肯定感を高めることができる活動。	・「地域をより良くしたい」という同じ目的に向かって、地域の方々と生徒が、相談したりされたりしながら取り組む。	・校外の人と一緒に活動する中で自己有用感を感じられる。力を合わせて何かを成し遂げる。 ・リーダーとしての役割を担い、自分の得意なことを生かして学校行事の運営をしたり、充実した学校生活づくりに貢献したりする。
目指す姿	・達成感や充実感を味わう。 ・やりがいを感じて、自信をもって活動に取り組む。 ・「やりたい」という気持ちが芽生え、主体的・意欲的に取り組む。	・自分たちで考えて活動したことが認められる、地域の中での役割を担って人の役に立つという実感を得ることで、自ら表現しようとする意欲を育む。	・自己有用感（役に立っている実感）や自己決定能力（必要なことを考慮して決める）の育成。 ・コミュニケーション能力の向上。（他者に伝える、相手の思いを理解したり汲み取ったりする） ・集団の中で生きようとする力の育成。（活動の意味を見出せる、環境が変わっても主体性をもって取り組む）
キーワード	⬇ 自己肯定	⬇ 自己表現	⬇ 自己決定

2．「なぜ・なんのために」「何を・どのように」

　本校所在地の現状は、日本の多くの地域に共通する過疎地である。近隣の高等学校の卒業生の多くが都市部へ出て行き、人口は５年間で5.8％の減少がある。そのような中、本校の高等部卒業生は、ほぼ100％が地域で生活している。その現状から、子どもたちの社会は近隣の地域と捉えることができる。

　以前から地域社会の中で、子どもたちが自分の役割を果たしていることを実感できる活動を多く取り入れることが大切であると感じていた。本校も地域との関わりがなかった訳ではない。しかし、それらの活動は、子どもたちのキャリア発達を念頭に置いたものではなかった。教員のアンケートからも「目的が不明確」「単発で終わっている」という意見が多かった。しかし、キャリア教育の研究を進めるうちに子どもたちがキャリア発達の

実感をもてるようにするためには、地域と関わる活動が必要と多くの教員が感じるようになった。

　本校では、学部ごとの地域協働活動の中軸となる教科・領域を決め、「なぜ・なんのために」地域協働活動を行うのか、「何を・どのようにして」地域と関わっていくのかを検討し、併せて地域協働活動の実践におけるカリキュラム・マネジメントの方法についても話し合い、まとめていった。

	小学部	中学部	高等部
中軸となる教科領域	生活単元学習	総合的な学習の時間	作業学習
地域協働における今後の方向性	・地域の小学校との交流及び共同学習での実践を発展させる。 ・生活単元学習を軸として、交流の回数を増やし、招待しておもてなしをすることで地域との関わりができるのではないか。	・取り組んできたごみ拾い活動を発展させて、地域の方々と共に取り組んでいくことで地域との関わりが深まるのではないか。	・校外での活躍の場を作り、地域の人とのつながりを築く。 ・生産者の仕事の様子を学んだり生徒の作業を体験してもらったりすることで、地域の方々に本校のことを知ってもらい、関わりができるのではないか。
カリキュラムマネジメントの具体的な手順	・各学級で単元計画や振り返りシートを基に学期ごとの生活単元学習を評価する。 ・年度末に見直した計画を持ち寄って学部全体で見直し、次年度の計画を作成する。	・単元計画を作成し、共通理解を図る。 ・授業での生徒の様子をメモ等に記録し、意見交換する。 ○キャリア発達の姿 ○教材教具 ○教師の関わり ○場の設定 ・年間計画の見直しを行う。	・単元計画を作成し、共通理解を図る。 ・毎回授業を振り返り、生徒のキャリア発達を捉え、支援の見直しや授業改善を図る。 ・単元終了後に評価を行い、次の単元の構想と関連する教科を話し合う。 ・年間計画や教科等の関連性など、教育課程を見直す。

3．研究成果から見える今後の地域協働

　多くの学校が「開かれた学校」を教育目標の一つに掲げている。本校もこの「開かれた学校」という言葉が、地域との結び付きになり、子どもも教員もキャリア発達する場になるように意識している。

　地域との関わりは、小学部から中学部、そして高等部へと活動範囲を広げ、活動内容も子どもたちがよりキャリア発達につながる内容になるように工夫している。

　小学部段階では、「人と関わることは楽しい」という人間関係のベースを作ることができてきている。中学部段階では、地域の人と関わることで、自分の思いを表現できるようになってきている。高等部段階では、校内では経験できない気付きや人間関係を広げる取組に挑戦できるようになってきている。

　今後については、小学部では今よりも関わる相手を広げたいと考えている。学校へ多くの人を招き入れる方策を考え、実行することが必要になる。いろいろな人と関わることで、児童は一層、人との関わりから楽しさを感じることができると考える。

　中学部では、地域資源をもっと活用し、生徒にとっての学習の機会としたいと考えている。学校の最寄駅であるいすみ鉄道国吉駅や医療センターなどにも学習材料はありそうである。

高等部では、作業製品の購入者によるアンケートからニーズを見つけ、新しい製品を作ることができるようになっている。次は、地域住民にアンケートを取り、地域と意見を交わし、地域のためになる活動を実行できるようになってほしいと考えている。

　現在は、学校と地域がそれぞれ協働できるよう内容を模索している段階であるといえる。今後は、この活動を続けていけば、真の「開かれた学校」になっていくと考える。近所の住民が、本校の子どもを名前で呼び、本校の子どもも住民の名前を覚える。そんな学校にしたい。ゆくゆくは、衰退している農業と福祉を連携させ、特別支援学校の卒業生が中心となって人材不足を補っていくような地域にしていきたい。

小学部：大原高等学校との芋掘り交流

中学部：いすみクリーン作戦

中学部：みさき童謡の会との
ミュージカル交流

中学部：菜の花プロジェクト

中学部・高等部：国際武道大学との
駅伝交流

高等部：大原高等学校とのネギの収穫

2　小学部の地域協働活動

1．はじめに

　小学部では、地域を「子どもたちが生活している中での身近な人たち」と考え、身近な人との関わりの中で、自分たちの活動に価値を見出し、自己肯定感を高めることを目指し、校内での学部間の友達や教職員との関わりの充実や家族や近隣の学校との交流活動に取り組んでいる。

　ここでは、これまで伝統的に行ってきた交流及び共同学習のうち「夷隅小学校との交流会」と「大原高等学校との芋掘り交流」について紹介する。

2．夷隅小学校との交流会

　毎年、近隣にある夷隅小学校の児童（以下、夷隅小児童）との交流を行っている。2019（令和元）年度は3年生と3回の交流会を行った。児童が主体的に関わりを深めることのできるように交流会を計画し、目的を意識し取り組めるようにした。

交流日	目　的
5月28日	・夷隅小児童と一緒にバルーンやダンスを楽しんで親睦を深める。 ・小グループに分かれて一緒に遊ぶことをとおして、お互いを知り、関心をもつ。 ・本校の小学部の活動を体験し交流することで、互いを理解する。
10月2日	・夷隅小児童を「スマイルひろば」に招待して、一緒に遊びを楽しみ親睦を深める。 ・本校の小学部の活動を体験し交流することで、互いを理解する。
12月4日	・夷隅小児童を「ぼうけんジャングル」に招待して、一緒に遊びを楽しみ親睦を深める。 ・本校の小学部の活動を体験し交流することで、互いを理解する。

（1）初めての交流会

　最初に体育館にて、本校の児童がリズム運動の時間に行っているダンスやパラバルーンを夷隅小児童と一緒に行った。初めての交流会ということもあり、両校の児童ともに緊張した様子であったが、交流がスタートし、ダンスの音楽が流れると、児童は自然に身体を動かし、夷隅小児童の手本となるように一生懸命に踊る姿が見られた。夷隅小児童も本校の児童を見ながら

真似して踊っていて、自然と笑顔があふれていた。パラバルーンでは、両校の児童が一つのバルーンを持ち、一緒に音楽に合わせて動いた。最後にバルーンを上に飛ばす際には、「わーっ」と歓声があがり一体感を感じられる場面となった。普段はパラバルーンに参加することが難しい児童も、この日は、自分がやらなければという気持ちになったようで、自分からパラバルーンを手に取り、リズムに合わせて動く姿も見られた。

　後半は本校の児童が各学級に、夷隅小児童は4つのグループに分かれてもらい、少人

数グループでの活動を行った。活動内容は各学級の実態に応じて考え、低学年の２グループは授業で取り組んでいるボウリングゲーム、高学年は夷隅小児童と一緒に楽しめるようにと準備したトランプの神経衰弱、重複学級は一緒に協力して行う制作活動に取り組んだ。両校の児童が関わり合う姿までには至らなかったように感じたが、ゲームや制作活動を一緒に行うことをとおして活動の楽しさを共有しているのではないかと捉えた。

（２）２回目の交流会

本校文化祭「いすみ祭」で小学部が展開する「スマイルひろば」に招待し、一緒に遊んだ。遊びが始まってから、両校ともに各学校の児童同士で遊んでいたが、遊び場を共有する中で、互いを意識する姿が見られた。

トランポリンでは、本校の児童が高く跳ぶ姿を見て夷隅小児童に「すごい」「どうしてそんなに高く跳べるの」と言葉をかけられ、少し照れながらも誇らしげな表情を見せる様子が見られた。夷隅小児童は、高く跳べるよう

に、本校児童の跳び方をよく見たり、何度も挑戦したりと夢中になって遊んでいた。

また、箱や缶を積み上げて遊ぶコーナーでは、夷隅小児童同士がどれだけ高く積むことができるか競い合う遊びをしていた。これまで一人で積み上げる、または友達や教員と協

力して積み上げる遊びをしていた児童がその遊び方に興味を示し、真似をしたり、夷隅小児童と競争したりして遊ぶ姿が見られた。その日から友達や教員を誘ってどれだけ高く積めるか、どちらが早く積めるかを競争する遊びをするようになり、本校児童の遊びが広がった。

　遊びが終わり、夷隅小児童が体育館を出る時には、互いにハイタッチを交わし、「さようなら、また来てね」とみんな別れを惜しんでいる様子であった。帰った後に「今度はいつ来てくれるかな？」と次を楽しみにしている児童もいた。

　夷隅小児童と遊びを介して自然と関わる姿や自分から関わろうとする姿が増え、明らかに夷隅小児童に対する意識が変化したように感じた。また、一緒に遊ぶ中で、自分たちの遊び場を楽しんでもらえたことや遊び方を認めてもらえたことによって自信をもつ姿、夷隅小児童の遊び方から新たな楽しみを見つけて遊ぶ姿など、次の日からの遊びが大きく変化したように感じた。

（3）最後の交流会

　本校は、普通学級と重複学級の２グループに分かれて交流した。普通学級グループは生活単元学習で遊んでいる遊び場「ぼうけんジャングル」に夷隅小児童を招待して一緒に遊び、重複学級グループはパラリンピックの競技である「ボッチャ」を一緒に行った。

　普通学級グループで行った遊びでは、２度の交流経験があるためか、両校の児童とも遊び場に自然に入り、遊具を共有して遊ぶ姿が見られた。ワニの口にボールを入れてお腹の引き出しを開けるとボールが出てくる遊具では、本校児童が桶にボールを入れているところに、夷隅小児童が「ぼくも」「私も」と集まり、協力してボールを入れていた。みんなで入れたことで、桶の中がボールでいっぱいになったことに「大量だー！」といつも以上に喜ぶ児童の姿が見られた。船の遊具では、複数人で同じ綱を持ち、協力して船を動かす姿、滑り台では、「せーの」とタイミングを合わせたり、同じポーズをしたりしながら滑るなど、お互いに関わりながら楽しそうに遊ぶ姿があちらこちらで見られた。

児童の中には、自分から夷隅小児童のそばに行って一緒に遊び、「ねえねえ」と言葉をかけたり、「どうぞ」とボールやバナナを手渡ししたりして積極的に関わる姿が見られた。

　重複学級グループで行った「ボッチャ」では、夷隅小児童と混合で4チーム作り、試合を行った。本校児童が補助具を使用した時は、夷隅小児童が支えたり、方向を話し合いながら決めたりすることを率先して行う姿が見られた。また、本校児童が投球する時には、「頑張れ」と応援したり、投球後には「○○くんすごい！」「ナイスショット」と声をかけたりしており、それを聞いた本校児童もみんな嬉しそうな表情をしていた。一人一人の投球後には必ずハイタッチするなど、チーム内での関わりが深まっていったように感じられた。活動後には、夷隅小児童から「初めての体験だけどとても楽しかった」「夷隅特別支援学校の友達と一緒にできて楽しかった」「学校でもやりたい」という感想が聞かれた。本校児童も夷隅小児童と一緒にボッチャをする中で、「楽しい」「嬉しい」といったとても良い表情がたくさん見られた。

　3回の交流をとおして、最初は夷隅小児童との距離感があったが、遊びや活動を一緒に行う中で、夷隅小児童を意識するようになり、夷隅小児童からの働きかけを受け入れたり、自分から関わろうとしたりする姿に変化していった。また、両校の児童ともに互いに刺激を受けて取り組み方や関わり方が変化する姿が多く見られ、お互いのよさに気付き、相互理解を図る良い機会となったと感じた。

　一方で課題として、3回の交流会の目的が発展的に考えられていなかったことが挙げられた。「なぜ・なんのために」の視点でそれぞれの交流会の内容を見直すことにより、児童のキャリア発達を促す学習活動へと発展するのではないかと考える。今後、交流会を計画する際には、交流の時期や回数、両校の児童のこれまでの変容からどのような姿を期待するかを明確にして、適した目的と内容を考え、お互いにとって充実した交流会となるよう取り組んでいきたい。

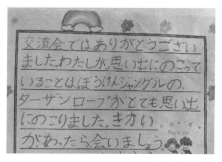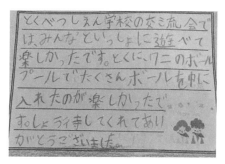

夷隅小学校から届いたお礼の手紙

3．芋掘り交流

　毎年10月に行われている大原高等学校との芋掘り交流では、高校生が育てたサツマイモ畑に招待され、一緒に収穫をしている。高校生は児童にサツマイモの知識や掘り方について自分たちで作った紙芝居を用いて分かりやすく説明をしてくれた。児童は紙芝居に注目して話を聞いており、サツマイモに興味をもってこれから収穫すること楽しみにしながら高校生と手をつないで畑に向かう姿が見られた。

　畑でのサツマイモ収穫では、高校生とペアになり、掘り方を教えてもらいながら協力してサツマイモを収穫した。高校生と一緒に掘ったサツマイモを手に取り、「見て掘れたよ」「こんなに大きいよ！」と嬉しそうに友達や教員に伝える姿が多く見られた。また、一緒に活動するにつれて、ペアの高校生と自然に関わり合うようになり、「ぼくはここを掘るね」「あと少しだよ」と高校生と互いに声をかけ合いながら取り組む姿やサツマイモが掘れる度に「やったね！」「大きいね！」と互いに顔を見合わせたり、ハイタッチしたりして喜びを共有する姿が増えていった。芋掘りが終わり畑から手をつないで帰ってくる児童と高校生の姿は畑に向かう時よりも親密で、関わりが深まっていたように見えた。

　学校に戻ってからは高学年が中心となってサツマイモの袋詰めと全校児童生徒及び教員への配付活動を行った。サツマイモを他学部の生徒に渡しにいくと「ありがとう」と直接お礼の言葉をもらい、嬉しそうな表情を浮かべていた。また、後日にも校内で「お芋おいしかったよ、ありがとう」と言葉をかけてもらうことが多くあり、少し照れながらも誇らしげな様子であった。大原高等学校の生徒には、芋掘り交流のお礼として自分たちで

作ったクリスマスリースと手紙を送り、感謝の気持ちを伝えた。

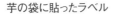

芋の袋に貼ったラベル

　高校生との交流は小学部の児童にとって、地域の人とのふれあいや親睦を図ることのできる貴重な機会となった。また、芋掘り交流という一つの活動から、高校生だけでなく、校内の生徒や教員との関わりにも広げることにつながった。児童にとって、サツマイモ収穫や配布などの活動をとおした様々な相手との関わりはどちらも良い経験となったと捉えている。

4．おわりに

　小学部段階における地域協働活動を重ねる中で、児童は様々な場面で関わり合うことのよさや楽しさを感じ、自信をもって活動ができるようになった。他者と関わることに対して消極的だった児童も、自信が付くにつれて相手を意識したり、自分から関わりをもとうとしたり、意欲的に交流活動に参加する姿へ変化していった。

　2つの取組をとおして、小学部段階では人と関わること、関わる相手を広げること、様々な経験をすることが重要であると感じた。小学部は他学部に比べると、地域協働活動の機会は少ないが、児童が中学部、高等部へと進学した際にさらに発展した地域協働活動に向かう土台となるように、これまでの地域との関わりを大切にして身近な人との関わりを深めるとともに、少しずつ関わる相手を広げていく経験を積み重ねていきたい。そして、人と関わることの楽しさやもっと関わりたいという気持ちを育んでいけるような地域協働活動に取り組んでいきたい。

Column
コラム
児童・生徒のキャリア発達エピソード⑰
教職経験4年目　小学部

　トイレは自立しているものの、立ち小便器を使用するのに抵抗感があり、洋式トイレで排尿をするPさん。教師が何度か立ち小便器でしてみないかと誘ってみましたが、嫌がる様子がありました。

　毎年行っている近隣の大原高等学校での芋掘り交流に行った時のことです。芋掘り交流が終わり、「帰る前にトイレに行こう」と言葉をかけ、芋掘りをした畑近くのトイレへ一緒に向かいました。そこには、立ち小便器と和式トイレしかなく、Pさんは困った様子でしたが、自分から立ち小便器の前に立ち、排尿をしようとしていました。しかし、今まで洋式でしか排尿をしていなかったためか、何度も挑戦したのですが結局することはできず、悔しそうな表情に見えました。筆者は洋式トイレのある校内のトイレを使うことも考えましたが、『このまま洋式のあるトイレを使えることを伝えたら、この悔しさを忘れてしまいそう。今ならできそうな気がする…』と考え、「上手に便器の前に立てたね。学校に戻ったらもう一度してみる?」とPさんに問いかけると、「うん」と答えました。

　学校に戻り、教師が立ち小便器を指さして「頑張ってみない?」と誘うと、今まで嫌がっていた立ち小便器に自分から向かっていきました。その日は小便器ですることはできませんでしたが、その後も何日も何日も自分から立ち小便器に向い挑戦しようとする姿が見られました。教師が「頑張っているね」「えらいね」と見守りながら、励ましの言葉をかけ続けました。ある日、男性教諭がそばで手本を示すと、初めて立ってすることができ、とても嬉しそうな表情をしていました。一度できたことが自信となって、教師がそばにいなくもできるようになり、今では立ち小便器で排尿することが習慣となりました。

　その後、校外学習でテーマパークやショッピングモールなど色々な場所に出かけることがあり、担任は『どうかな?』と少し心配もありましたが、どこに行っても「トイレに行きたい」と伝えて、抵抗感がなく一人で立ち小便器で用を足すことができました。

　学校の中での指導だけでは、小便器を使用できるまでもっと時間がかかっていたと思いますが、芋掘り交流でいつもとは違う環境へ行き、自分で必要性を感じ、自分で「やってみよう」と実感できたことが、Pさんが変わるきっかけとなったと感じています。

　周りの友達と積極的に関わることが難しいQさん。同じクラスの友達3人とも関わろうとする姿はあまり見られませんでした。

　生活単元学習「ようこそ！『おさかなワールド』へ」では、Qさんに友達と関わりを多くもってほしいと考えました。下級生の招待に向けて、友達への意識がもてるように、顔写真を提示し、自分が招待状を作って渡すことと遊び場まで案内することを確認しました。相手を確認することにより、自分が担当する友達が分かり、教室に迎えに行くとその子のもとへ自分から向かう姿が見られました。教室から遊び場までの案内では、下級生と手をつないで移動しました。歩くペースが合わずに先に行くことがあったため、教師が「○○さんをおさかなワールドまで連れて行ってね」と伝えると、友達の様子を見ながらペースを合わせて歩くようになりました。遊びの中では、遊び方が分からずに困っている友達がいると、そっと近くへ寄り添い、自分がその遊具で遊ぶことで遊び方の手本を示すような姿が見られました。

　一番成長を感じたのは、近隣小学校との交流会です。1回目の交流会は、全体でリズム運動を行ってから各クラスに入り、自己紹介とクラスのみんなで作った絵合わせゲームを行いました。緊張もあってなかなか小学校の友達と関わる姿は見られなかったのですが、2回目の文化祭で行う「スマイルひろば」での遊びでは、様々な姿が見られました。Qさんは高学年ということもあり、受付係の仕事を行っていました。順番待ちで並んでいる友達に対して遊具の準備ができるとタイミングよく「どうぞ」と言葉をかける姿がありました。また、一緒にトランポリンで遊んでいる時に、他の友達が転んでしまってなかなか立ち上がれないでいると、その様子を見てぶつからないところに着地をし、ジャンプをやめる姿がありました。これまでそのような場面で、「気を付けてね」と言葉をかけてきたため、きちんと理解していたのだと感じる瞬間でした。その後も、友達とトランポリンを跳んでいて、友達が転んでいると、空いているスペースに移動したり、ぶつかりそうになるとジャンプを止めたりと周りを見て行動している姿が見られ、感動しました。

　自分から関わることは少ないQさんですが、友達に対する意識が高まっていると感じる場面や、友達の様子や周りの状況からどうしたら良いか考えて行動する姿が多く見られるようになり、Qさんの成長を感じています。

3　中学部の地域協働活動

1．はじめに

　中学部では「地域をより良くしたいという同じ思いをもつ人たち」を地域と考え、地域の人との関わりの中で、役割を担い、人の役に立つ実感を得ることで、自ら考え判断し、進んで思いを伝えようとするなど、自己表現する力を育むことを目指し、地域協働活動に取り組んできた。ここでは、「みさき童謡の会」、「地域の中学校との交流」、いすみクリーン作戦をきっかけに生まれた「いすみ市との交流」について紹介する。

2．みさき童謡の会との交流

（1）ミュージカル交流

　本校中学部では文化祭でミュージカルの発表をしており、毎年好評を博している。

　本校がキャリア教育の研究に取り組み始めた2年次の2018（平成30）年度に、「ミュージカルを地域に向けてもっと発表することで貢献できるのではないか」という話題が挙がった。市内に「みさき童謡の会」（以下、童謡の会）と

いう平均年齢70歳の童謡サークルがあることが分かり、代表の方が本校職員とつながりがあったため、そこから連絡を取ってもらい実現することとなった。

　交流活動に当たっては、生徒が「他者から称賛されることで意欲や自信につなげたい」「地域の方から学ぶ機会を増やし、地域の一員としての自覚を高めたい」という思いを教職員間で共通理解した。

　ミュージカル交流では約20名の方が来校した。演目「浦島太郎」では、幕が上がる時、場面が変わる時、歌い終えた時などその都度拍手があり、演じている生徒も教員も今までにないほど楽しい気持ちで公演することができた。発表後に童謡の会の方が「上手だったよ」「とっても楽しかった」「もっと見ていたい」など、肯定的な言葉をたくさん生徒にかけてくださった。生徒たちは、自分たちが頑張ってきたことを認められ、たくさんの拍手や前向きな言葉をかけてもらったことで笑顔がたくさん見られ、自信へとつながったのではないかと捉えている。

　この交流活動では、生徒たちの心から自然とわき出る嬉しそうな表情に、教員も心動かされるものがあった。交流活動をとおして、普段の学習だけでは引き出せない新たな生徒たちの一面を見ることができた。生徒は自分たちの活動を自信へとつなげることができ、教員は、地域の人と関わることで生徒の気持ちに変化が見られることが分かり、地域の方々と関わることの価値を実感する交流活動となった。童謡の会のみなさんからは「元気をもらえます」「楽しみです」といった言葉を頂くことができた。

さらに、この交流をきっかけに本校の校歌「ひとつぶの種」の作詞をした方が、童謡の会を立ち上げた方ということが分かり、本校と童謡の会とのつながりも新たに知ることができた。今後の交流活動への可能性を感じることができた。

（2）音楽科での交流

童謡の会には音楽科の教員をされていた方もおり、2019（令和元）年度は、ミュージカル交流に加えて、音楽科の授業に講師として招聘し、6月と2月の計2回の授業を行った。

①6月の授業

題材は「われは海の子」と「里の秋」の歌唱、生徒が学習してきた「パプリカ」のダンスに取り組んだ。「里の秋」の歌唱では、いすみ市にある「童謡の里」に「里の秋」の石碑があり、作曲者がいすみの地で里の秋の作曲をしたことを教えていただいた。「里の秋」は誰もが知っている童謡ではあるが、いすみ市と関係があることは生徒も教員も初めて知った。また、歌唱に当たっては、声の出し方について丁寧に教えてもらい、その後の音楽の授業でも意識するきっかけとなった。

②2月の授業

題材は学習指導要領に示されている共通教材「ふるさと」の歌唱に取り組んだ。ウォーミングアップとして最初に「パプリカ」を一緒に踊った。交流も3回目となり、生徒と童謡の会のみなさんはすぐに打ち解けていた。「『ふるさと』とは何か」が生徒に分かりやすいように、童謡の会の方の出身地（故郷）について紹介してもらった。ヒントをもとに出身地がどこかを当てるクイズでは、「○○県だ！」と、自分の知識を活用して答えを考えたり、知らなかった知識を得られたりと、生徒たちは興味をもって聞いていた。また、リズムを知るために「ケンケンパ」の要領で身体を使って3拍子のリズムを学習した。普段は音楽の授業に参加することが難しい生徒も、身体を動かして活動することにより、自分から取り組む姿が見られた。年度最後の交流であったため、最後はクラフトテープで作ったかごをプレゼントしお礼を伝えた。後日童謡の会の方から、プレゼントしたかごにお花やぬいぐるみを入れた写真が送られてきたことで使ってもらっていることを実感し、生徒たちは喜びを感じていた。

③今後に向けて

生徒たちは「また会いたい」「次はいつ来てくれるの？」「今年もミュージカル来てほしいな」と、童謡の会のみなさんと会えるのをとても楽しみにしている。交流を重ねるたびに、積極的に関わり、思いが言葉として出ない生徒も前のめりになって話を聞いたり笑顔で関わったりする姿が見られるようになった。また、童謡の会との交流活動は生徒だけではなく、本校教員にとっても学びの多いものとなっている。日頃から生徒にとってより良

い授業内容や指導方法を検討し実践に努めているが、童
謡の会の方による専門性のある指導方法や、それを受け
た生徒の変化が、教員の指導・支援や授業の改善へとつ
ながっている。

　童謡の会のみなさんからは、「交流を重ねる度に生徒が
成長しているのを見るのが楽しみ」「楽しい時間を過ごさ
せてもらっている」「私たちにとっても楽しみな交流でお役に立てることが何より嬉しい」
といった言葉を頂いている。今後も互いにとって有意義で充実した活動となるようにして
いきたい。

3．近隣中学校との交流

　中学部では交流及び共同学習の一環として、地域の中
学校との交流を年に1回実施している。互いの学習成果
を発表し合う交流活動として、本校では音楽科の授業で
取り組んでいる和太鼓の発表を例年行っていた。2019（令
和元）年度は交流内容を見直し、中学部の生徒が県のス
ポーツ大会に向けて取り組んでいる「Tスロー」を一緒

に行うことにした。「中学生は楽しんでくれるのだろうか」といった不安があったが、初
めて取り組む「Tスロー」に興味をもち、一生懸命に取り組む姿が見られた。本校の生徒
が手本を見せると、「お〜！」と拍手をしたり、ショットが決まると、「ナイスショット！」
とハイタッチをして互いに喜び合ったりする様子が見られた。また、地域の中学生の合唱
の発表を本校生徒が食い入るように見ている姿からは、中学生に刺激を受けている様子が
窺えた。本校が文化祭で毎年踊っている「みんなでわっはっは」のダンスはとても盛り上
がり、ハイタッチする場面では、互いに笑顔で関わり合う姿が見られた。

　なお、交流活動には本校校長が参加し、中学校の生徒に、地域で生活することやバリア
フリーについて話をした。障害のある人もない人も豊かで楽しい町づくりを中学生が考え
る場面となった。

　この交流活動からは、教師が介入して関わるのではなく、生徒同士が自然と歩み寄って、
関わる姿が多く見られた。お互いのよさを認め合いながら刺激を受け、高め合っていける
交流及び共同学習が今後も続いていくようにしたい。

4．いすみ市との交流

（1）いすみ酒米プロジェクト

①参加に至る経緯

　いすみ市から声をかけていただいたことがきっかけで、2018年（平成30）年度に土着
菌完熟堆肥を活用した有機農業を推進する酒米プロジェクトへ参加した。このプロジェ

クトは、地元の産業について知り、地域で生活していく子どもたちを育成していくことが主旨の一環としてあり、本校の生徒にとっても、体験をとおして地域の産業を知ることができる貴重な機会と考えた。

　4月に田植え、9月に稲刈り、12月に酒造りと年間を通じた活動となった。作ったお米がご飯になるのではなく、お酒になるというのは、子どもたちにとっては分かりづらさもあると考え、田んぼでの酒米作りと並行して、学校でも学級ごとに苗を植えて米作りを行った。

②田植え体験

　田んぼに入ることが初めての生徒が多く、緊張した表情を見せながらも地域の方々に丁寧に教えてもらいながら一生懸命に取り組む様子が見られた。生育状況を確認するために田んぼに出向いた際には、地域の方から稲の生育について説明をしていただいた。学校では聞けない専門的な話に熱心に耳を傾け、自分で疑問や課題を見つけて積極的に質問する姿が見られた。

③稲刈り

　酒米用の稲の収穫は夏休み中に終わってしまうため、残念ながら生徒は参加することができなかったが、地域の農家の方に協力いただき、コンバインを使った稲刈りの様子を見学することができた。「すご〜い！」と目を輝かせてコンバインを目で追う姿が今でも印象に残っている。学校で収穫した稲の脱穀をお願いした際には、「頑張って育てたんだね。すごいね」と声をかけてもらい、4月から自分たちの手で育ててきたことを称賛され、喜びを感じている様子が見られた。コンバインに乗せてもらったり、脱穀した米をトラックに移す作業も見せてもらったりして、生徒たちは終始主体的に活動に取り組んでいた。

　後日、学級で育てたお米を学校の給食で食べる機会を設定することができた。今日の給食のご飯は中学部で育てたお米であることを全校の児童生徒に掲示物とアナウンスで伝えた。給食の後には「ご飯美味しかったよ」「美味しいお米を育ててくれてありがとう」など、たくさん声をかけてもらい、自分たちの活動が他者の役に立っていることを実感することができた。

④酒蔵での洗米体験

　12月には酒蔵へ行き、洗米体験をした。「いすみ市酒米プロジェクト」と記されたおそろいのTシャツを着て、プロジェクトに参加した方々と集合写真を撮ったときはチームの

一員という思いをもち、嬉しそうな表情を見せていた。洗米体験では、冷たい水の中で10kgのお米を洗った。なかなか大変な作業であったが、プロジェクトに参加した方々に「いいよ！上手だよ」「冷たいけど頑張って」と見守られながらやり遂げることができた。大変なことも他者と協力しながら作業し、やり遂げられるということを実感することができたのではないだろうか。

（2）菜の花プロジェクトへの参加
①参加に至る経緯

　総合的な学習の時間「いすみクリーン作戦」で地域のごみ拾いに行った際に「いすみ市菜の花プロジェクト」と記されたプランターを見つけ、事後学習の際に「菜の花プロジェクトが気になりました」とワークシートに記入した生徒がいた。翌年に、いすみ市役所の職員の方をゲストティーチャーとして招聘し、いすみ市が取り組んでいる美化活動について紹介してもらった。その中で「菜の花プロジェクト」の話があり、多くの生徒が今後取り組みたいこととして菜の花プロジェクトを挙げ、いすみ市に連絡をして参加することになった。

②菜の花プロジェクトへの参加

　このプロジェクトは2018（平成30）年度からの取組で、始まって2年目であった。いすみ鉄道線路沿いの地域に声をかけ、商店の前にプランターを設置して菜の花を育てる活動と、新田野駅前の田んぼに種を蒔く活動がある。

新田野駅での種蒔きには、いすみ市内の小学校２校、幼稚園１所、こども園１所、保育園１所が参加した。直接的な関わりはできなかったものの、生徒からは、地域の小学生と一緒に活動できたことが嬉しいと話す生徒もいた。自分たちが「やってみたい」と思った活動に参加できた喜びを感じている生徒もいた。「いすみクリーン作戦」では、「地域をきれいにしたい」という思いでごみ拾いを行っているが、花で町をいっぱいにすることも地域をきれいにする方法だという気付きにもつながった。

プランターに蒔いた菜の花は学級ごとに管理をした。花が咲いてからは学校前の道路沿いに菜の花を飾り、町をきれいにする一役を担うことができた。

５．おわりに

　学校以外の他者と関わることで生徒たちの心が動き、生き生きとした表情、主体的に活動する姿がたくさん見られた。活動に向き合う中で、「やってみたい」「次はこうしたい」といった思いが育まれ、他者と関わることで自分の思いを表現しようとする気持ちが育まれているように感じた。また、地域に出て活動するだけではなく、外部人材を活用した授業実践においても普段の学習の中だけでは見られない表情の変化や発言が見られ、地域と関わりながら活動することの意義を感じた。今後も地域協働活動に取り組むに当たっては、ただ「地域に出て活動すれば良い」のではなく、活動の目的を明確にして教員間で共有していくことが必要であると考えている。

　地域資源はまだまだたくさん存在している。教員が常にアンテナを高くし、生徒にとってより良い地域資源を見つけ、幅広い学習の機会を提供できるようにしたい。

　今後も社会的・職業的自立に向けて目指す生徒像を明確にしながら、生徒の内面に変化を促すことのできる地域協働活動に取り組んでいきたい。

Column
コラム

児童・生徒のキャリア発達エピソード⑲

教職経験5年目 中学部

初めての経験

普段から人前で話すことが苦手で、声が小さくなることを課題としていたRさんがお店の方から「今なんて言ったの?」と聞かれる場面がありました。

普段の学校の様子は「もう一回言ってもらえるかな」などと言われるとすぐに自信をなくしてしまい「えっ、間違えちゃった」や「分かんないよー」と言葉を発して教員の顔を見て助けを求めたり、その場から逃げ出そうとしたりすることがありました。そのため、お店の方から「聞こえない」と言われたときには、良かったところを伝えて自信をもてるように言葉をかけようと考えていました。

しかし、Rさんは一瞬戸惑ったものの、教員の言葉かけを待ったり、その場から恥ずかしがっていなくなったりすることはありませんでした。自分で声を大きくして、もう一度初めから文章を読み直そうとしていたのです。「聞こえていなかったからもう一度話そう」という気持ちをもったようでした。お店の方もRさんの読んでいる声にしっかりと耳を傾けてくださり、「うんうん」と文章を読むRさんの速さに合わせて大きく相槌を打ってくださいました。

文章をもう一度読み直すことができたRさんに対してお店の方から「上手だったよ。今のはよく聞こえたよ」と言葉をかけていただきました。緊張からか顔が赤く染まり、表情も硬くなっていたRさんでしたが、「上手だった」「よく聞こえた」という温かい言葉をもらったことで、笑顔が戻り、お店の方と握手をして笑顔で一緒に記念撮影をしました。

学習を終えて感じたこと

文章を読むことを苦手としていたRさんが、今回の商店街の方との関わりをとおして「できた」「やればできるんだ」という実感をもつことができたように感じました。「1回できたから大丈夫」という気持ちではなく、「次も頑張ろう。もっと上手に言えるように練習しよう」という前向きな変化が見られ、その後の地域の方に依頼をしに行く活動でも直前まで読む練習をする姿がありました。

「できた」ことの嬉しさから「もっと上手に読みたい」という思いや「お店の人に伝えたい」という思いが生まれ、「相手を意識して伝わるように話すこと」の大切さに気付くことができたと感じています。今回の経験を大切にして、今後も「できた」から「もっとこうしたい」「もっとできるようになりたい」という気持ちを育むことを大切にしていきたいです。

　「いすみをきれいにしたい」という願いをもち、いすみクリーンレンジャーとして地域のごみ拾い活動を続けてきた中学部Sさん。3年生となった前期はごみを拾う活動だけでなく、「ごみを減らそう」というメッセージを地域に送るために、役場や駅などに看板を設置する活動を学部の中心となって行っていました。後期になると、話し合いの中で自分たちの活動が間接的で、地域の人に自分たちの活動は伝わっていないと気付き、もっと地域に足を運び直接関わっていくために、「地域のお店や施設に鉢花を配って、町を飾ってもらう」ことを願った「町を飾ろうプロジェクト」を計画し、活動しました。そこで彼に起きたリアルな体験とキャリア発達の姿について紹介します。

「町を飾ろうプロジェクト〜リサーチ編〜」飾ってくれるお店や施設を探そう！

　Sさんはチームのリーダーとしてごみ拾い活動をしながら、鉢花を飾ってもらいたいお店や施設を探しました。その時のワークシートの目標には「できるだけたくさんの方々にお願いをして、鉢花を飾ってもらいたい」と書かれていました。多くの店や施設を調べ、友達と話し合いながら写真を撮り、他チームへの報告では「鉢花を飾ってもらえる場所がこんなにあって嬉しかったです。花を飾ってもらえる日が楽しみです」と発表していました。

「町を飾ろうプロジェクト〜許可編〜」飾ってもらう許可をいただこう！

　Sさんは、リサーチした多くの場所に許可をもらいに行くことをとても楽しみにしていました。教員の事前連絡なし、全くの飛び入りで許可を得る活動であったため、事前学習では許可が得られない場合を想定したロールプレイングを行いました。当日、チームをこれまで導いてきたリーダーのSさんは「ぼくがやるぞ」と自信をもって（本人の予定通りに）商店街のお店や近くの学校などから順調に許可を得ることができていました。その時、ある一件のお店から断わられる状況に遭遇します。どうなるか教員が見守っていると、「わかりました。次、お願いします」と落ち着いて、礼を失することなく対応することができました。普段のSさんは自分の思い通りにいかなくなったときには「なんでうまくいかなかったんだ」と頭を抱えてしまったり、言い訳をしてその場を取り繕おうとしたりするのですが、きちんと結果を受け止めて即座に落ち着いた対応をとることができました。帰る途中、Sさんからは「1件受け入れてもらえなくて残念だったけど、みんながいてくれて良かったよ」というつぶやきが聞こえてきました。うまくいくことばかりではなく、そうでないときにも落ち着いて対応することができた場面でした。

　リーダーという役割を果たしながら「緊張感やつまずきとそれを乗り越える経験」をとおして、思い通りに上手くいくことばかりではないことに気付くことができたと感じています。

④　高等部の地域協働活動

1．はじめに

　高等部では、地域を「学校よりも外の社会」と捉えている。また、①校外の人と一緒に活動する中で自己有用感を感じること、②力を合わせて何かを成し遂げること、③リーダーとしての役割を担い、自分の得意なことを生かして学校行事の運営をしたり充実した学校生活づくりに貢献したりすることをとおして、自己有用感や自己決定力を育むことを目指し、地域協働活動に取り組んできた。

　ここでは、いすみ鉄道応援団との地域協働活動と大原高等学校及び国際武道大学との交流及び共同学習の活動について紹介する。

2．いすみ鉄道応援団

（1）コスモスの種まきとプロジェクト会議

　本校の学区であるいすみ市には、有志が立ち上げた「いすみ鉄道応援団」が存在する。この団体は、地域でいすみ鉄道を守ろうと様々な活動に取り組んでおり、本校も十数年前から参加して「コスモスの種蒔き」に取り組んでいる。

　種蒔きは、高等部1年生が受け持ち、総合的な探究の時間の中で「身近な地域」について調べるとともに、「普段通学で利用している国吉駅をコス

モスの花でいっぱいにし、きれいな景色を届けよう！」という目的に向かって取り組んできた。毎年6月〜7月の暑い中、汗を流しながら蒔いた種は、秋にはきれいなコスモスの花となって国吉駅を彩った。そんな光景を見た生徒は「頑張った甲斐がありました。きれいに咲いて、国吉駅を利用している人に喜んでもらえたら嬉しい」と話し、自分の活動と地域とのつながりを感じる姿が見られた。

　また、昨年度から参加している「いすみ鉄道活性化プロジェクト会議」では、近隣の中学校や高等学校が集まり、各校の実施報告や次年度の方向性について話し合った。本校代表の生徒が、自分たちが行った国吉駅のコスモスの種蒔きの活動を報告したところ、「素晴らしい取組ですね。ありがとうございます」という称賛を頂いた。生徒が見せた満面の笑みから、「自分の活動が認められる嬉しさ」を感じ、地域の一員であることへの気付きにつながったのではないかと考えた。

　他にも、「駅をきれいにしよう！」と生徒同士で呼びかけ、自力通学生が下校時に掃き掃除をしたり、「花を飾るためのプランターを作ってほしい」との依頼を受けて、いすみ鉄道オリジナルのプランターを制作して納品したりすることに取り組んだ。こうした活動を見守ってくださる地域の方が、温かく言葉をかけてくださることで、生徒自身も「少し

でも地域の役に立てたかな」と地域に貢献する喜びを実感できたのではないかと考える。

（2）自然災害後の清掃活動

　2019（令和元）年度、記録的暴風雨となった台風で近隣地域が大きな被害を受けたことにより、本校では「今、私たちにできることは何だろう？」と各学級で話し合う時間を設けた。生徒たちから、学校までの道路や国吉駅にたくさんの枝や葉が落ちている様子を見て、「いつもお世話になっている国吉駅をきれいにできるといいな」と意見が挙がったことから、清掃活動に取り組むこととなった。

日頃の感謝の気持ちを込めて活動に取り組む中で、相手を思いやったり、自分たちができることを考えたりすることができたように感じられた。

3．近隣の大原高等学校との交流及び共同学習
（1）小豆・サンマ蒲焼きの缶詰作り

　2014（平成26）年度から交流及び共同学習を行っている大原高等学校には、食品加工コースや園芸コースがある。食品加工コースとの交流では、本校の高等部1年生は小豆の缶詰め体験、2年生はサンマの蒲焼きの缶詰め体験を行い、同年代の高校生との共同作業をとおして学びを深めてきた。

　初めは互いに戸惑いも見られたが、一つの製品を作るために協力することで、2人一組で息を合わせて丁寧に取り組む様子が見られた。本校の生徒は、自分たちで作業したものが次々と製品化される様子を見て、「食品作りの楽しさ」を知ることができた。また、入念に手を洗い、衛生キャップにマスク姿で身支度を整えてから作業に入ることにより、「衛生面に注意することの大切さ」を体感することができた。食品加工コースの生徒にとっては、日頃身に付けた技術を教える実習も兼ねており、作業後には「自分も学ぶことができる貴重な体験で、コミュニケーションをとりながら作業することは楽しかった。作る喜びと技術を知ってもらえれば」と笑顔で話していた。その様子から、本校の生徒が学びや経験を得るだけではなく、「教え・教えられる」関係をとおして、互いに新たな気付きがあり、学び合う交流及び共同学習になったのではないかと捉えた。

（2）ネギの収穫体験

　園芸コースとの交流では、本校の農耕班の生徒が訪問し、ネギの収穫や袋詰めの準備工程である「調整」の作業活動を体験した。併せて、今後の自分たちの作業学習に生かすために、収穫や調整のポイントを教わったり、畑の見学をして整備作業の大切さを学んだりした。ネギの収穫では、園芸コースの生徒による手本を見ながら共に作業することにより、初めての経験にも関わらず、たくさん収穫することができた。収穫したネギは、袋詰めをして製品化できるよう調整の作業まで共に行い、学校に持ち帰って販売した。自分たちが収穫・調整したネギを教員が買ってくれたことに「重かったけど、頑張ってたくさん収穫して良かった」と喜ぶ生徒の姿が見られた。

　また、直接教えていただくことをとおして、「自分たちもいい野菜を作って、販売したい」という気持ちが強まり、より良いものを求めて意欲的に作業に取り組む姿が見られた。本校の教員においても、作業学習での専門性の高い技術指導がいかに重要かを改めて考えさせられる経験となった。

　同年代の生徒と共に行った生産活動をとおして、職業体験を積むとともに、互いのよさに気付き、同年代の生徒たちとの親睦を深め、相互理解を図ることができたのではないかと考える。

（3）ボッチャ交流会

　本校2年生は、大原高等学校生徒会との交流及び共同学習を実施した。パラスポーツに着目して、本校で取り組んでいるボッチャを題材とし、ボッチャ交流会の企画・運営を行った。同年代の生徒と共に活動する経験をとおして、自分の長所や他者のよさに気付き、人と関わろうとする態度を身に付けることを目的として取り組んだ。

　ホスト側である当校生徒会の生徒が進行を務め、本校はボッチャのルール説明や用具準備に当たった。実施に向けて、本校でボッチャのルール説明を模造紙に書いてまとめたり、初めて会う高校生と仲良く取り組むためのチーム内のルールを考えたりした。また、相手に分かりやすく伝えるためにどうしたら良いか、チームを盛り上げるためにはどのような工夫が必要か、など活発な話し合いが行われた。

　当日は緊張しながらも、対面式でじゃんけんし、自己紹介をすることにより互いに打ち解け、緊張が一気に和らいだ。練習では、ボールの投げ方やねらうポイントなどをアドバ

イスしながら積極的に取り組む様子が見られた。試合が始まると、良いプレーだったときには「ナイスショット！」と言葉をかけてハイタッチをしたり、時には「ドンマイ！次、切り替えよう！」と優しく励ましたりするなど、円滑なコミュニケーションをとりながら行うことができた。

　日頃教えてもらう側になることの多い本校の生徒にとって、教える立場として説明したり、チームの中心となって進めたりする経験はとても貴重であったと感じる。生徒会の生徒からは試合中に、「あんなにジャックボールに近づけられるなんてすごい！」という声が挙がり、それを聞いて笑顔になる姿が見られた。自分の得意なことで認められる経験をとおして、自己肯定感の高まりが見られたように感じられた。

（４）部活動の合同練習会

　2019（令和元）年度は、両校のバレーボール部で合同練習会を実施した。毎年出場している千葉県障害者スポーツ大会に向けて実践的な練習を行うことを目的として取り組んだ。普段とは異なる会場で対戦相手と試合形式の練習を多く取り入れることにより、より大会に近い雰囲気を感じ、本番をイメージする良い機会となった。高等学校の生徒の練習に対する姿勢や、ボールを絶対に落とさないという必死なプレーを間近で見た生徒たちは、「自分たちも頑張ろう！」と良い刺激になったように感じられた。出場する大会は違うが、これまで同じように一生懸命練習に励んできた同年代の仲間の存在に触れたことは貴重な経験となった。

４．国際武道大学との交流

（１）交流駅伝教室

　2019（令和元）年度は、毎年の恒例行事であった千葉県立特別支援学校駅伝大会の中止が決定していたため、保健体育科では陸上競技の授業計画について見直しを図っていた。そんな中、本校の学区内にある国際武道大学には、国内でも有数の本格的な陸上競技場があることが分かった。国際武道大学は、年間をとおして60名程度の学生が介護等体験で来校しており、長年にわたって実施し

ていることから、児童生徒にとっても身近な存在であった。しかし、保健体育を専門としている学生が多いにも関わらず、本校の保健体育の授業との関わりは多くないという現状もあった。そこで、国際武道大学と協働し、保健体育を専門として学び、アスリートとしても活躍している学生が講師となって本校の児童生徒に関わる学習を計画できないかと考えた。

　実施に当たっては、本校教員と大学職員、実際に講師となる学生とで事前打ち合わせを

重ね、目的や進め方、配慮事項などを話し合いながら計画を作成した。本校は、保健体育の授業として「走り方のポイント」を学んだり、アスリートがもつ競技の「本物」「プロ」の部分を体感したりすることのできる場を設けることとした。大学側は、学生が日頃の講義で学んだ知識を生かし、目の前の生徒に向けて授業できる場を設けた。そうすることで、互いにメリットがあり、Win-Win の関係で実施できるのではないかということを確認し準備を進めていった。

　学習活動を決める前には、学生が本校を訪れて、生徒の日頃のランニングの様子を見学する機会を設けた。学生は、介護等体験とは違う目的をもって積極的に生徒と関わり、走るときに意識する部位や姿勢に関しての課題を挙げた。そうした課題を受け、ストレッチや走る動作につなげるウォーミングアップを授業の中に取り入れることになった。この経験をとおして、特別支援学校の生徒とほとんど関わったことのない学生にとって、適切な学習活動の設定はもちろんのこと、身体の動かし方への支援から指示の仕方まで未知の部分も多く、実際に指導する上で、「実態把握の大切さ」を知る機会にもなった。

　今回の交流は初めてのことで、反省や改善点も多々あったが、お互いに立場や目的の違う者同士が一緒になって、一から授業を作り上げていく過程はとても有意義な時間となり、貴重な学びの場となった。話し合いを重ねる中で、学生の「こんなことができるのではないか」といった思いと、教員の「こんな視点も踏まえると、より深い学びが期待できるのではないか」という見解をすり合わせながら学習内容を考える作業は、お互いの考え方や向き合い方を少しずつ変えていったように感じられた。

　当日は、初めて見る青いタータントラックと驚くほど広い陸上競技場に感激し、元気いっぱい身体を動かす生徒の姿が見られた。対面式を終え、グループごとにチーム名や目標を設定したり、円陣を組んでチームワークを高めたりする時間を設けることにより、大学生との距離もぐっと縮まり、コミュニケーションをとりながら楽しく身体を動かすことができた。

　実際の交流活動では、前半にストレッチやウォーミングアップを行い、走るときに意識する身体の部位を確認しながら学生と一緒に身体を動かした。学生のアドバイスを受け、「運動する上でストレッチが大切！」ということに気付く生徒が多くいた。後半には、前半に教わった身体の動きを意識しながら、中学部、高等部、学生の混合チームで1本の襷をつないでゴールを目指す「ミニミニ駅伝」を行った。学校とは比較できないほど広く美しい陸上競技場を楽しむかのように笑顔いっぱいで走る生徒。学生の真似をして一生懸命走る生徒。腿が高く上がり、きれいなフォームと驚くようなスピードで目の前を走っていく学生。チームリーダーを中心にそれぞれのチームが1本の襷で一つにまとまった実りあるミニミニ駅伝は、初めての体験と「本物の走り」に驚愕と興奮でいっぱいの時間となった。

　学校に戻ると、事後学習でストレッチやウォーミングアップの振り返りをしたり、毎日のランニングや保健体育の時間に教わったことを試したりと、意欲的に取り組む様子が見られた。学生との反省会では「次は走力別にグループ編成をして、実態に応じた内容や運動量を考えていきたい」「走る前に、コミュニケーションを図る機会として、身体つくり運動を入れてみてはどうか」など、次につながる改善点が出され、学生側にも得るものがあったことが確認できた。生徒にとっては、広くて美しいタータントラックをのびのびと走ることができ、普段とはまた違った体験ができたと同時に、学生との交流をとおして、「思いっきり身体を動かすことの楽しさ」や「他者と一緒に取り組む楽しさ」を感じることができ、有意義な時間になったと捉えられた。学生にとっては、当日、自分の思うように生徒たちに伝えられず、悩んでいる姿も垣間見えた。そうしたことから、教員として学校現場に出る前に、生徒の前に立って授業することの難しさや面白さを感じる機会になったように感じられた。

　国際武道大学の在学中に取得できる教員免許は中学校と高等学校の保健体育科のみということなので、教育現場に出て初めて特別支援学校を知る学生もいるだろう。そのため、この取組をとおして、特別支援学校を知ってもらう、または興味・関心をもってもらうきっかけになればと考える。また、本校の生徒と介護等体験という関わりしかなかった学生が、これをきっかけに保健体育の授業だけでなく、より広がりをもたせた交流活動が展開できたらと考える。

　この活動を経て、地域資源というのは、陸上競技場といった施設や専門的な用具などの「もの」にとどまらず、「人」とのつながり、「人と人との関わり」の中から得られるのではないかと感じた。地域の特徴やよさに目を向け、生徒だけでなく、地域の方々やそれを取り巻く環境も含め、還元できるような取組を今後も進めていきたい。

（2）少林寺拳法の体験

　国際武道大学との交流は、2019（令和元）年度に新たにもう一つ加わり、全校集会の中で少林寺拳法部を招いての体験を行った。初めて見る演武に圧倒されながらも「やってみたい！」と興味をもって取り組む生徒の様子が見られた。また、実際に大学生の手本を見ながら一緒に身体を動かすことで、これまでやったことのない様々な動きを

体験し、とても楽しそうな姿が印象的だった。アスリートの競技を間近で見る機会が少ない生徒にとって、とても有意義な時間となった。こうしたスポーツの楽しさに触れる体験が、オリンピック・パラリンピックへの関心につながるきっかけとなることを期待したい。また、生涯スポーツへとつながるように、在学中に様々なスポーツを体験したり、卒業しても活動できる場所やチームなどの情報提供をしたりすることにより、スポーツへの興味・関心が高まるのではないかと考える。

5．おわりに　－様々な活動をとおして見えてきた、地域協働活動の重要性－

　高等部の生徒は卒業後、学校を離れ、地域の中で生活していくこととなる。社会的・職業的自立を目指して、在学中から生徒を地域の方々に知ってもらい、地域全体で育ててもらうとともに、自らも地域との関わりを深めていく必要がある。上述したような活動をとおして、学校内では経験できない新たな気付きを得て、大きく成長しているのだと感じた。また、様々な年代の人と関わることで、人間関係を広げることができる。そのために、学校としてできることは、学校の外に出て、積極的に地域の方々と関われるような機会を設定することである。長く続いている交流活動を大切にしているからこそ、地域との連携が深まり、良好な関係が続いているという一面もある。地域と関わることは、本校の教育活動や生徒を理解してもらう機会となり、それは生徒が地域で自分らしく生きる一助となるであろう。今後も地域の施設や人々とのつながりを大切に、地域協働活動に積極的に取り組んでいきたいと考える。

いすみ鉄道応援団（コスモス）

国際武道大学との駅伝交流教室

大原高等学校との交流（農業班・ネギの収穫）

自然災害後の清掃活動

　今年度から地域協働活動の一環として新たに「国際武道大学との交流駅伝教室」を行いました。ストレッチやウォーミングアップを学生から直接教わることにより、その後のランニングや保健体育の授業で活用できることを目的として取り組みました。また、学生はこの活動をとおして、生徒の目標達成に向けて学生自身が授業内容を企画したり直接的な指導をしたりすることを目的とし、お互いの目的を共有し合いながら交流を行いました。

　Tさんは初めての動きや慣れない身体の使い方に戸惑いを見せながらも、学生の動きを真似したり分からないところを聞いたりし、教わったことを一生懸命覚えようとする姿が見られました。初めは、Tさんも学生もお互いに緊張して上手くコミュニケーションがとれていませんでしたが、学生から直接指導を受けながら共に身体を動かす中で、活動次第に打ち解け、教員が間に入らなくても2人で話せるようになっていました。午前中のみの交流活動でしたが、様々なストレッチやウォーミングアップを教わることができ、Tさんは興味深いものに出会ってわくわくしたような表情を見せていました。学生からも「良い経験ができた」「教えることがこんなにも難しくて緊張するとは思わなかった」といった声を聞くことができ、お互いに実りのある交流になったと感じます。

　交流前のTさんは、身体を動かす前に普段通りの一般的な体操を行ってからランニングや授業に取り組んでいましたが、交流後には学生から教わったストレッチやウォーミングアップを授業の前後に自ら進んで行うようになりました。教員が伸びている部位やポイントを尋ねると「ハムストリングスを伸ばしています」「肩甲骨を寄せるように…」と的確に答え、活動の意味を理解して取り組む姿が見られました。また、普段の体操との違いも考えるようになり、ストレッチやウォーミングアップを加えた場合では「普段より身体が軽く感じる！大切ですね」と驚きの表情を見せました。他の生徒においても、保健体育の授業でストレッチやウォーミングアップを復習する場面を設けると、ストレッチの名称や伸ばしている部位を答えられることが増え、知識や関心の向上が窺えました。また、Tさんを中心に友達同士でお互いに動きを見合ったりポイントを教え合ったりするなど、生徒同士のコミュニケーションのきっかけにもなりました。

　様々な種類のストレッチやウォーミングアップ方法を知ることができたTさんは、教わったものだけでなく、テレビで放送されていたストレッチや雑誌で見たウォーミングアップなどにも興味をもつようになりました。様々な種類の動きを正しく行うことで、記録が伸びたり怪我の防止につながったりすることを知り、学校だけでなく自宅でも自ら行うようになったそうです。

　今回の交流をとおして、ストレッチやウォーミングアップの方法や意味を知るだけでなく、身体を動かす楽しさや記録が伸びる喜びを感じることができたTさん。動作を理解して、分かりやすく友達に説明する場面が増え、身体の動きだけでなくコミュニケーションの広がりも見られたことは、学生との関わりの中から彼が得たキャリア発達だったのではないかと思っています。もしかしたら、教員が授業の中で教えるだけでは、到達できなかった深い興味や喜びだったのかもしれないと考えると、自分自身の力量不足を反省しながらも、生徒の学びや成長を支える環境の大切さを痛感したエピソードです。

Column コラム 児童・生徒のキャリア発達エピソード㉒

　今年度の4月に初めて会ったUさんは、話しかけられるのは嫌いではないですが、自分からは話しかけるのが苦手な「とても恥ずかしがり屋」という印象でした。話しかけられても、微笑みながら「はい」と返事をする程度で自分の気持ちを相手に伝えたり、自分から話しかけたりする姿はあまり見かけませんでした。しかし、地域協働活動をとおして、自分の気持ちを相手に伝えたり、相談したりできるようになったと感じています。

　本校では、1年間に前期と後期の計2回、「産業現場等における実習」を行っています。前期実習（5月下旬）でのUさんの評価は、「周りの様子を見て、次に何をすべきかを考えて取り組むことができた」という良い評価とともに、「困った時に自分から発信したり、他者に声をかけたりすることができると良い」というアドバイスもいただきました。前期実習の時点では、相手に相談したり、自分の思いを伝えたりすることは難しい様子でした。

　しかし、地域の方と一緒に活動したり、交流したりすることで少しずつ変化が見られるようになりました。友達や担任等の慣れている人から高等部の教員、学校の職員…と少しずつ話せる範囲が広くなり、徐々に自分の気持ちを伝えられるようになっていきました。また、後期実習に向けての事前学習では、前期実習の反省を基に、どうするべきかを自ら考えたり、具体的な目標を立てたりと前向きに取り組む姿も見られるようになりました。

　後期実習（10月下旬）では、「相手に分かるように詳しく報告したり、伝えたりする」「相手が聞こえるような声で話す」という目標を立てて取り組みました。実習期間中に教員が巡回し、様子を見に行くと、自分の課題を克服できるよう目標を意識しながら活動していました。困った時や迷った時には、「やり方が難しいので、教えてください」と自分から職場の方に伝えていました。実習の反省会でも、このことについて担当の方から「Uさんの気持ちを伝えてくれたおかげで、一緒に働きやすかった」とお褒めの言葉をいただきました。褒められた時のUさんは、褒められた嬉しさと同時に「自分から伝えることができた」という喜びを感じているようでした。職場の方から評価していただけたことで、Uさんの「働く」自信となったように思います。

　その後の学校での様子も変わっていきました。学校行事や作業学習等において、意欲的に取り組むようになり、自分から友達や教員に話しかけたり、授業で積極的に発言したりする姿が見られるようになってきました。また、困った時や迷った時には、近くの教員に相談することもできるようになりました。

　地域協働活動はUさんにとって、多くの人とコミュニケーションを図れる良い機会となりました。普段は家族や友達等、限られた人とのやりとりでしたが、地域協働活動に取り組むことで「話すこと」への苦手意識が少しずつ減ってきたのだと感じています。そして、身近ではない他者や立場の異なる人と活動したり話したりする経験が、働く現場で生かされ、自信へとつながったように思います。まさに地域協働活動での経験が、Uさんのキャリア発達につながったと感じています。

第4部

今後の期待・展望

千葉県教育庁教育振興部特別支援教育課　指導主事　塩田　順子

　夷隅特別支援学校は、2017（平成 29）年度から 2019（令和元）年度までの３年間、文部科学省「特別支援教育に関する実践研究充実事業〜新学習指導要領に向けた実践研究〜」の協力校及び千葉県教育委員会の研究指定校として、「知的特別支援学校における卒業後の自立を見据えた小学部段階から連続したキャリア教育支援の在り方」について研究に取り組んだ。

　この研究指定の経緯は、新学習指導要領において、自立と社会参加に向けた教育の充実のため、小学部、中学部段階からキャリア教育の充実を図ることが規定されており、その先行研究が求められたことである。

　また、千葉県教育委員会として研究指定をした理由は、2011（平成 23）年度中央教育審議会答申「今後の学校におけるキャリア教育・職業教育の在り方について」を受け、各学校では「キャリア教育全体計画」が作成されていたが、キャリア教育を通じて育成を目指す資質・能力を明確化し、それを具体的に各教科・領域等の指導計画として示し、実践していくことが求められていたこと、また各教科・領域等とキャリア教育との関連や各学部間のつながり等についてもさらに研究を進める必要があったことなどが挙げられる。

　当校が取り組んだ「キャリア発達を促す授業づくり」では、「なぜ・なんのために」をキーワードに目的・内容・方法を明確に示した単元計画のもと、授業実践が行われ、授業の「振り返り」の時間を設け、児童生徒のキャリア発達の姿について丁寧に検証が行われた。またキャリア発達を捉える視点として「向き合い方の変化」「身に付けた力の活用」を挙げている。当校では授業を通じて見られた児童生徒の内面的な変化を丁寧に捉えながら、児童生徒のキャリア発達を積み重ねることができた。この「キャリア発達を促す授業づくり」をとおして作成された単元計画書、「キャリア発達を支援するための手立ての観点」、キャリア発達を捉える視点である「向き合い方の変化」「身に付けた力の活用」は、他の特別支援学校においてもキャリア教育の授業実践のツールとして役立つと考える。

　研究３年次には、児童生徒のキャリア発達を更に促す機会として、地域協働活動に取り組んだ。学校教育を学校内に閉じず、その目指すところを社会と共有・連携していく地域協働活動は、新学習指導要領の求める「社会に開かれた教育課程」を実現するものであり、共生社会の形成にもつながる取組である。当校では、学校で学んだことを生かし、地域の人々との関わりの中で児童生徒の深い学びにつなげることを目的に、地域協働活動に取り組んだ。中学部の総合的な学習の時間で行われた、単元「町を飾ろうプロジェクト〜関わりを深め、地域と共に！！！〜」では、地域の商店街に花苗等を配る活動に取り組んだ。活動を振り返る授業の中で、生徒から「ちがう地域にも行ってみたい」「もっとたくさんの花を届けたい」等、次の活動に期待する声が聞かれていた。地域の人々と関わり「あり

がとう」「すごいね」と声をかけられることが、自己肯定感・自己有用感の高まりにつながっていた。学校で培った力、まさに「身に付けた力」を地域で発揮する機会となり、地域協働活動を通じて生徒のキャリア発達の姿を見ることができた。この1年間の取組により、地域協働活動の有効性は十分に確認できた。今後も地域と協働し、地域と学校が相互に求め・求められる存在となるよう、この活動を発展させてほしい。

　新学習指導要領では4つのキーワードが示されている。その一つである「カリキュラム・マネジメントの実現」との関連については、授業・単元の見直しから年間指導計画の見直しへとPDCAサイクルをまわす取組が継続的に行われた。このPDCAサイクルの好循環は、授業改善についてのカリキュラム・マネジメントとしての好事例といえる。また「主体的・対話的で深い学びにつながる授業改善」との関連については、当校が授業づくりの取組を通じて示した「キャリア発達を支援する手立ての観点」には、「対話」や「振り返り」等の「主体的・対話的で深い学び」につながる観点が挙げられている。実際に授業で見られた子どもたちの姿からも主体的な姿、対話を通じた学びがあり、豊かで深い学びの姿が見られていた。本研究においては、新学習指導要領の求めるところも踏まえた研究であったといえる。

　また当校の研究組織の特徴として、学校全体として一体的な取組が行われたことが挙げられる。具体的な取組としては、校務分掌組織を活用して、小中高の学習内容を系統的に整理したこと、授業の振り返りを小中高のメンバーで構成されたグループで行ったことなど、教師間・学部間の共通理解そして学部の系統性を意識した取組により、学校全体の一体的な取組につながった。これまで特別支援学校の研究においては、各学部の連続性・系統性が挙げられることが多かった。この当校の研究組織作りについては、他校でも参考になると考える。

　研究に取り組む中で、当校の先生方からは、「子どもたちのキャリア発達の姿が見られた」との言葉がたくさん聞かれた。キャリア発達を捉える視点が教師間で共有され、授業を通じて子どもたちのキャリア発達に気付き、積み重ねられたこと、このことが何よりも成果と考える。それは子どもたちが授業の中で見せた自信に満ちた、主体的な姿に表れていた。3年間の研究はこれで終了となるが、引き続き児童生徒の姿を踏まえながらキャリア発達を促す授業づくり、支援する学校づくりを深めていただきたいと思う。

千葉県教育委員会から見た夷隅特別支援学校②

千葉県教育庁東上総教育事務所指導室　指導主事　宮坂　拓也

　夷隅特別支援学校の取組は、知的障害特別支援学校における、小学部から高等部までの系統性を踏まえたキャリア発達を支援する取組として意義が大きく、他の特別支援学校（以下、「各学校」とする）における取組のモデルや手がかりとなる。夷隅特別支援学校の取組の成果や課題から、各学校のモデルや手がかりとなる点、今後の展望について、以下に述べる。

　まずは、学校全体のつながりや教員の専門性の向上についてである。夷隅特別支援学校の取組では、学校全体で児童生徒の卒業後までを見据えており、学部間のつながりが意識されている。そして、共通の視点となるキャリア発達を「『できた・できない』だけではない、『物事への向き合い方（考え方、取り組み方）が変化』すること」「身に付けた基礎的・汎用的能力の活用」と明確にすることで、教員間の共通理解が図られ、学校全体で同じ方向を向いた取組となっている。また、「物事への向き合い方（考え方、取り組み方）の変化」をキャリア発達の視点の一つとしたことによる成果として、「行動だけでなく考え方や取り組み方といった、内面に目を向けられるようになった」という、教員の児童生徒理解の質的変容があげられている。これまでも、児童生徒の内面の変容を捉えることは、教員の大切な視点であった。夷隅特別支援学校の取組で得られた成果は、その視点を明確にしたことによる。児童生徒理解の視点として、取組の結果だけでなく、その過程にも重きを置くことを明確にしたことで、児童生徒の内面の変容を捉えようとする教員の意識を高め、児童生徒の内面の変容に対する教員の気付きを促すことにつながっている。さらに、教員の児童生徒の内面の変容を捉える力の向上は、学校の教育活動全体の質を高めるであろう。また、具体的な取組である、校務分掌の組織を活用した授業づくりや、「本人の願い」から「支援方法」「指導内容」を複数の教員で考えること等は、学校全体をつなぎ、組織力を高めるものとして各学校のモデルとなる。

　次に、新学習指導要領とキャリア教育との関連についてである。夷隅特別支援学校の取組は、新学習指導要領の実施とキャリア教育の充実に密接な関連があることを示している。例えば、新学習指導要領で、育成すべき資質・能力を育むための授業改善の視点として位置付けられている、「主体的・対話的で深い学び」との関連がある。夷隅特別支援学校では、授業づくりにおいて、キャリア発達するための観点として、児童生徒にとっての学びの必然性が明確になるよう「なぜ・なんのために」を明確にした対話、思考できる振り返りの時間の設定等をポイントに挙げている。これらは、「主体的・対話的で深い学び」の実現に向けた大切な観点であることから、キャリア発達を支援する授業づくりが新学習指導要領を踏まえた授業づくりになることを示している。この他、地域協働活動と「社会に開かれた教育課程」「カリキュラム・マネジメント」との関連性等も示されており、相

互の関連性を意識した取組が新学習指導要領の実施やキャリア教育の充実を促進することが窺える。

　もう一つが、地域協働活動についてである。地域協働活動は、共生社会の形成に向けた取組として重要である。地域に必要とされる学校を目指す夷隅特別支援学校の取組は、共生社会の形成に向けた実践として意義がある。また、児童生徒のキャリア発達を支援する取組として、学校全体で組織的に取り組む地域協働活動は、各学校の取組に生かせる実践である。夷隅特別支援学校では、各学部で「地域」「協働」「目指す姿」を明確にして、学校全体で共有している。このことにより、各学部段階で必要な学習活動を検討、設定することができ、学校全体での取組となっている。それぞれの学部が目指す姿には、「自己肯定」「自己表現」「自己決定」が示されている。その実現に向けて、地域協働活動で大切にしていることが、他者や地域との関わりの中で児童生徒が「できた」「認められている」「役に立っている」と実感できる活動である。学習活動設定の際、児童生徒の実感を大切にすることで、児童生徒にとって学びの必然性のある活動が設定され、児童生徒が実感を得る姿が見られている。さらに、実感を得ることで、次に取り組みたい活動を児童生徒が自ら考え、表現する姿も見られている。また、具体的な学習活動では、学校の「強み」として、作業学習、遊び等のこれまでの実践や、比較的小規模で機動性があるという学校の実態を生かしたり、いすみ鉄道や商店街等の地域の資源を活用したりしている。各学校で取り組む際は、学校の「強み」となる取組や資源をいかに見出し、実践に生かすことができるかが大切となる。学校の「強み」や地域の特色を生かして地域と協働し、学校や児童生徒が地域で必要とされる存在となり、地域と共に児童生徒を育てていくことが、一人一人のキャリア発達の支援を促進することにつながる。

　以上のような夷隅特別支援学校の様々な取組から、各学校のモデルとなる点を示した。一方で実践から見えてきた課題もある。ここでは、地域協働活動と組織的な教育課程の編成・改善の2点について述べる。地域協働については、児童生徒と地域とのつながりが築かれ始めたところである。まずは、今のつながりを継続して実践を積み重ねることが大切となる。実践の積み重ねにより、つながりが確かなものとなり、次のつながりに発展していく可能性が広がる。学校が地域に必要な存在となり、つながりを築いた地域の方々と児童生徒が共に活動する、地域協働活動のさらなる充実・発展が期待される。組織的な教育課程の編成・改善については、既に取り組まれており、新学習指導要領のポイントにある「カリキュラム・マネジメント」や「社会に開かれた教育課程」等と関連することである。地域協働活動を含め、学校全体で取り組んできたキャリア発達を支援する取組を生かした組織的な教育課程の改善が、より一層促進されることが期待される。ここで挙げた2点や、その他、対話や振り返りの充実といった授業改善も含め、今後もキャリア教育の充実を目指した取組を継続していくことが、夷隅特別支援学校の教育活動全体の質を向上する。そして、今後も、継続した取組の成果を整理し、各学校に発信していくことで、千葉県の特別支援教育が充実・発展していくことを期待している。

保護者から見た夷隅特別支援学校

千葉県立夷隅特別支援学校　PTA会長　鈴木　和美

　キャリア教育研究協議会に保護者の立場として、3年間参加させていただきました。初めは教職員の方々の中に保護者として参加させていただいて、場違いなのでは…と思いましたが、教職員の方々の子どもたちの明るい未来を見越し、自立に向けての研究会は、毎回充実した協議会で、世の中は障がい者親子にとって、こんなにも理解していただける方々が増えたのだと実感した、有意義な時間になりました。

　少し私たち親子のことをお話しさせてください。私には今年23歳になる長男と、今年高等部を卒業した次男がいます。タイプは違いますが、2人とも重度の知的障がいがあります。長男が小さい頃は今に比べて世間の目は厳しく、私たち親子にとって生きにくいものでした。そのような状況の中でも、試行錯誤をしながら、良いと思えば遠い所でも、様々な療育を受けさせていました。そこで出逢った先生に「親御さんは先に逝ってしまいます。将来子どもが自立出来るように育て、そして、他人に愛されるように育てましょう」という教えをいただき、私たち夫婦はこの教えを目標に子育てをしてきました。

　しかし、当時周りにはなかなか理解していただける方は少なく、涙することがありました。そんな中、試行錯誤しながら子育てをし、ゆっくりですが、成長してくれる息子たちを、少しでも地域の方々にも知っていただきたいと思い、学校行事の他に、地域の行事にも積極的に子どもたちと参加しました。

　その努力が報われてきたと実感したことがありました。それは、地元の保護者の方と話していた時、「うちの子たちがいつも迷惑かけてすいません」と謝罪した時に、「そんなことないですよ、自分の子が息子さんたちにこんなにも優しくしているところが見られて、こちらこそ感謝しています」と言っていただいた時でした。

　様々な出逢いの中で、子どもたちに色々なことを経験させ、達成感を得させることにより、子どもたちの自信になり、自立につながっていくのだと、キャリア教育研究協議会に参加し、先生方の取組を見させていただいて、あらためて子どもたちの明るい未来を見据えてのキャリア教育は、子どもたちにとっては勿論のこと、保護者にとっても大切な良いことだと感じました。特に夷隅特別支援学校は、子どもたちにも保護者にも学校一丸となり、寄り添っていただける学校だと、子どもをとおして、そして役員として感じています。

　今後の期待と展望ですが、子どもたちや保護者にとって、卒業してからが長い人生になります。学校で学んだことや、経験したことを発揮しやすいように、今まで以上にそれぞれの立場の方々や、地域の方々と連携をとっていただき、子どもたちの明るい未来へと導いていただけたらと思います。

　3年間のキャリア教育研究協議会に携わった方々や、夷隅特別支援学校に、保護者を代表して、益々のご発展と、ご活躍を祈念し、感謝申し上げ致します。ありがとうございました。

小学校から見た夷隅特別支援学校

いすみ市立夷隅小学校　教諭　田邊　磨美子

1．夷隅小学校と夷隅特別支援学校

　本校は、2019（令和元）年４月に３校（国吉小・中川小・千町小）の本統合を終えたばかりの、児童数220人の小学校である。夷隅特別支援学校へは、歩いて７分ほどの距離にあり、交流活動をするにはとてもよい立地条件にある。

　交流の歴史は古く、20数年前から夷隅特別支援学校（当時は養護学校）に行き、様々な活動を一緒に行ってきたことを記憶している。これまでは３年生が年２回の交流を行い、１回目はいすみ祭（文化祭）の準備のお手伝いを、２回目はいすみ祭の前に様々なお楽しみコーナーの体験をさせてもらった。そして、2019（令和元）年度は、年３回の交流を行った。夷隅地区３校と夷隅特別支援学校との交流活動は、長年にわたり実施されてきた伝統ある学習活動である。

2．交流の実際

（1）ねらい

　夷隅小学校では「やさしい子　心豊かで思いやりのある子」を目指し、総合的な学習の時間に「みんな友だちなかよくなろう」という単元を設定している。「①夷隅特別支援学校のみんなと一緒にいろいろなゲームや運動を行い、楽しく交流することができる。②夷隅特別支援学校のみんなとの交流をとおして、互いを理解し思いやりの気持ちをもったり、協力することの大切さに気付いたり、自分にできることを考えたりすることができる（自己理解・他者理解）」という目標を設定し、学習を進めてきた。

（2）活動の様子

①第１回交流会

　障害についての事前学習をしてから１回目の交流会に臨んだ。本校児童は、戸惑いを隠せずじっと見たり、なかなか目を合わせられなかったりし、緊張している様子がよく分かった。バルーンやダンスをとおして、心が解放され緊張がほぐれていった。特別支援学校の友達と手をつないで、楽しそうに活動する姿が見られた。しかしながら、いろいろなゲームを一緒に行ったが、相手を思いやり優しく声をかけるような場面は、ほとんど見られず、自分が楽しめれば良いというような態度だった。

②第2回交流会

「いすみ祭」の催し物を事前に体験させてもらう活動であった。箱や缶を高く積み上げていく活動に取り組んだ児童たちは、交わす言葉はほとんどなかったが、アイコンタクトでお互いに手を添えて、高く積む工夫をしている児童がいた。声をかけて話す児童も数名いた。しかし、ほとんどの児童が遊ぶことに夢中になり、互いを認め尊重し合ったり、助け合ったりする場面は見られなかった。

③第3回交流会

最後の交流会は、「ぼうけんジャングル」での体を使ってのダイナミックな遊びとパラスポーツボッチャの体験をさせてもらった。3回目は、特別支援学校の友達とも打ち解けて、声をかけたり一緒に遊んだりする場面が見られた。お互いに名前を覚えていて、笑顔いっぱいで声をかけ合う姿が見られた。ボッチャでは、車椅子の友達の筒をコントロールして、中心にボールが転がるように支えたり、上手にボールを転がせた時には、歓声を上げてハイタッチをして一緒に喜び合ったりする姿があった。交流を重ねたことで、お互いの理解を深められたようだった。

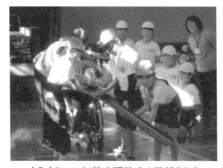 

もう少しこっち!筒を調節する子どもたち　　　うまくいったね!とハイタッチ

④児童の感想

交流後、児童たちから以下の感想が挙げられた。

・特に楽しかったのは、2回目のリーダーだったA君たちとの交流です。自然にしゃべれて嬉しかったです。

・1回目の交流会は、話が全然できなかったけれど、2回目、3回目とだんだん話ができるようになりました。

・3回目はしゃべれて、よかったです。一緒に遊んだ時に支援学校の子が笑ってくれて、また一緒に遊びたいと思いました。

・最初は、緊張しました。3回目には、みんなと一緒に話ができてとても楽しかったです。一番心に残ったのは、みんなとボッチャをしたことです。チームでやったのでたくさん話をすることができました。

・最初はあまりしゃべったり一緒に遊んだりできなかったけれど、3回目は仲良く遊べてハイタッチもできてすごく楽しかったです。優しく声をかけることができてよかったです。

3．今後の交流活動

　3回の交流をとおして、「戸惑い・ためらい」がいつの間にか相手を思いやる優しい声かけになったりそっと手を差し延べたりへと変わっていった。知らず知らずのうちに、好奇の視線から友達への柔らかい視線へと変わっていった。1回では、単に遊んで終わりの交流だったに違いない。回を重ねるごとに子どもたちの心に変化をもたらしたことは確かである。一緒に遊んだり運動したり踊ったりすることをとおして、垣根がなくなっていったように思う。夷隅小学校の児童にとって、違いを知り認め合う機会がもてたことは、障害者理解へとつながった。また、共生社会への第一歩を踏み出すきっかけになった。心のバリアフリーに向け、夷隅特別支援学校との交流は、本校にとってかけがえのない活動である。今後は、特別支援学校から本校へ来てもらう交流を実施し、子どもたちの心を一層耕していけたらと思う。

勝浦市立勝浦中学校　教諭　長田　恵利子

1．特別支援学校の授業参観

　2017（平成29）年度よりキャリア教育研究協議委員として夷隅特別支援学校の授業を参観する機会をいただき、一人一人の成長に驚かされ、それぞれの場で生き生きと活動している子どもたちに何度となく感動をさせられた。

　特に、2019（令和元）年度、著者の勤務する中学校から夷隅特別支援学校に入学したＡさんの授業参観をすることは楽しみでもあり、とても心配でもあった。中学校でのＡさんは、手先を使っての作業は好んでいて、テグスにビーズを通してコースターを作ったり、色紙をちぎって貼り絵を制作したりする作業などは集中して行うことができた。しかし、気になることがあると衝動的に動いたり、私語をしたり、周囲の人から気を引こうとする行動が見られ、教師や学習支援員が複数で対応しなければならない状況であった。

　公開研究会当日「たくさんの参観者の中でＡさんは、作業学習を行うことができるのだろうか」「私を見つけて大きな声を出してしまうのではないか」「参観者を見て、気になることがあったら、その人のそばに寄ってたくさんの質問を始めるのではないか」などと次から次へと頭をよぎる不安を抱えながら、Ａさんが作業をしている陶芸室に向かった。Ａさんは、入口近くで石膏型に泥しょうを流し込む作業を行っていた。ちらっと私の方を見たものの作業を続けていた。そして、自ら、使用した水差しやジョッキを洗うなど、自分のやるべきことを責任をもって行っていた。入学からわずか半年ながら、落ち着いた態度で学習するＡさんは、目を見張るほどの成長であった。

　Ａさんの変容は、まさに「キャリア発達支援」という研究テーマのもとに実践している先生方とＡさんのキャリア発達があったからこそだと確証を得ることができた。

2．中学校における特別支援学級

　中学校の特別支援学級に在籍している生徒は、学校での生活の場の中心が、本人・保護者の希望で通常の学級となり、苦手な教科を特別支援学級で学習していることが少なくない。また、友達との関わりや学習の悩みなどを抱え、通常の学級で過ごすことが困難となり、特別支援学級で過ごす時間が多くなる生徒もいる。生徒によっては、対応に苦慮し、関係機関とのケース会議を続けている。特別の教育課程を編成しているが、通常の学級の時間に合わせていることや、他の人との関わりを拒む生徒がいたりすることもあり、特別支援学級在籍者全員で生活単元学習や作業学習に取り組むことが難しい状況である。また、関わる教職員全員が一人一人の生徒のことや、授業について十分な話し合い活動ができていない。キャリア教育研究協議会に参加させていただく中で、筆者自身が中学校での

実践を振り返り、キャリア発達を促すという視点を意識し、「なぜ、なんのために」ということを生徒自身が考えられるようにすることを心がけてきた。

3．夷隅特別支援学校に期待すること

　特別支援学校に期待することの一つは、特別支援教育に関する「専門性の向上」ということである。公開研で見たＡさんの姿から、「子どもが変わらないのは、自分たちの手立てが悪いということ」と痛感せずにはいられなかった。夷隅特別支援学校の３年間の研究の取組では、「校務分掌とキャリアの教育を関連させた学習活動の工夫」、「なぜ、なんのために」「何を」「どのように」を大切にした授業づくり、「地域との協働」というサブテーマのもと小学部段階から卒業後を見据えたキャリア教育が実践された。中学校でのＡさんの指導や支援について振り返ると、将来を見据えて関わっていたとは言いきれない。関わる教職員全員でＡさんの学習内容、支援方法を検討し、共通理解していかなければならなかった。中学校が、夷隅特別支援学校と同じように教育をすることは難しい面があるが、特別支援教育に学ばせていただくことがたくさんある。特別支援学校から校内研修や夏季研修の案内をいただけるのは、特別支援教育について学べる絶好の機会となっている。今後も、夷隅特別支援学校が夷隅地区のセンター的機能を担い、特別支援教育をリードしていくことを望んでいる。

　次に、児童生徒の「キャリア発達」を考えた時に、交流及び共同学習、地域との協働として夷隅特別支援学校の高等部の生徒と中学校の交流を行うことを試みたいと思う。両校の生徒に「主体的・対話的で深い学び」の機会ができるのではないかと考える。Ａさんの成長を私が伝えるのではなく、中学生が自分の目で見た先輩Ａさんの姿から学ぶことは大きいのではないだろうか。また、中学生にとっては、特別支援学校をより身近に感じたり、自分自身の進路について考える機会にもなると思われる。今まで、夷隅特別支援学校の中学部の生徒の居住地校交流を行うことがあったが、中学部だけではなく、自分の住んでいる地域との関わりを広げるような活動が一緒にできればと思う。中学校では、「郷育プロジェクト」として、地元の第一次産業に関わる体験活動、勤労生産に関わる活動をとおして「将来の生き方を考える力」を育てるとともに、自分の生まれた郷土を愛する意識の高揚と地域社会との好ましい関係づくりを推進することをコンセプトとして、田植えや稲刈り、地曳網、ビーチクリーン、漁業・水産業体験等を、地域の方々の力を借りて経験し、それをとおして自分や地域の将来を考える機会としている。夷隅特別支援学校の児童生徒にも、居住地の魅力を感じてほしいと思う。また、中学部が地域へ出て活動してしているが、いすみ市だけでなく、他の地域と交流も進めてほしいと思っている。夷隅特別支援学校には、たくさんの魅力があることをより広い地域のたくさんの人に知ってほしいと切に願っている。

　最後に、夷隅特別支援学校と連携し、特別支援学級の教員のキャリア発達を促し、一人一人自分が生まれ育った地域の中で、自分の役割を果たしながら、自分らしく生きていけるような指導支援をしていきたい。

千葉県立八日市場特別支援学校　教諭（現　千葉県立障害者高等技術専門校　副主査）　鈴木　保博

1．はじめに

　初めて夷隅特別支援学校を訪ねた時の印象は、「山の中にポツンとある小さな特別支援学校」だった。しかし、今回の研究をとおして何度か足を運ぶうちに、夷隅特別支援学校は、児童・生徒と教員の連帯感から生まれる温かさに満ちた学校であることが分かった。本研究においても、そのような雰囲気の中で生まれた成果が随所で見られたように思う。その成果と今後に期待したいことを私なりに以下のように考察した。

2．研究の成果について

（1）児童生徒と教員の連帯感を高める体制づくり

　研究の取り掛かりとして、夷隅特別支援学校の教育目標である「『生きる力』を身に付けた、心豊かなたくましい児童生徒の育成を図る」を基に校務分掌会議を開き、小、中学部、高等部で一貫した自立・社会参加をするために必要なことを、全教員が共通理解した。この校務分掌会議を行うことにより、この研究の始まりや目標を明確にし、教員の士気を高めたことだろう。その後の研究授業では、私は教員同士の強い連帯感を常に感じ、児童生徒もそれに呼応するような雰囲気があったように感じた。

　学校の規模としては、私の勤務校と比較すると半数以下の児童生徒数、教員数であり、それゆえ活気という部分では不利な状況でありながら、連帯感という部分では夷隅特別支援学校に格別のものを感じた。

（2）キャリア教育の充実

　「キャリア教育とは何なのか」という本研究の核心部を、「児童生徒のキャリア発達を支える指導、支援」と捉えて進めたことによって、教員が児童生徒の行動の変容だけでなく「思い」の変容に着目できたのではないだろうか。児童生徒の願いを明確にし、その願いを達成するためにはどのような支援をするべきか、どの単元でもよく練られていた。

　その最たる例の一つとして、6月に行った「ようこそ！『おさかなワールド』へ」からつながる公開研究発表会で行われた「ぼうけんジャングル」を挙げる。学習指導案には、「単元をとおして期待するキャリア発達の姿」として「やりがいを感じる」「自分から遊ぼうとする」「自分から友達に関わろうとする」というような文言であふれていた。そして、そのような姿が見られるように、教員はできる状況を整え、支援に当たっていた。その結果として、遊ぶことをとおして、その楽しさを誰かに発信したり、より楽しもうとしたり

する児童の姿が授業の中で見受けられた。この単元をとおして育まれた気持ちの変化が今後の生活に生かされ、次のキャリア発達につながっていくことであろう。中学部、高等部の授業においてもキャリア発達を促す支援を随所で見ることができた。

（3）地域協働の促進

　地域協働活動は、こちら側の希望と相手方の事情を調整しながら行うところに難しさがある。しかし、夷隅特別支援学校では、地域の学校や大学、市役所、地元の商店街など、様々なところと「協働学習」を進めている。それは教員が地道に交渉し、裾野を広げてきた成果だと感じる。

　また、この地域協働活動が、相手方にとっても意義をもたらすものであるとの理解が浸透してきた結果だろう。充実した「協働学習」の実施により、地域協働が促進されていると感じた。

　私の勤務校でも、高等部の生徒が近隣高校野球部の使い古したボールを修理し、再生するという取組を行っている。この活動をとおして、地域の高校生と交流し、更に地域の方々に感謝されるという経験は、生徒のキャリア発達を促す絶好の機会となっている。

3．今後に期待するところ

（1）学校生活全体をとおしたキャリア発達を促す支援の継続

　今回の研究において培ったキャリア発達を促す支援を、是非、学校生活全体をとおして継続し、児童生徒の経過を追っていただきたい。そうすることで、本研究が一層有意義なものになるであろう。夷隅特別支援学校の教員が、キャリア発達の意識を常にもちながら指導・支援することは本研究によりすでに可能としているところであるので、今後も継続し伝承されることを期待している。

（2）地域協働の発展

　本研究では地域との交流をとおして児童生徒のキャリア発達を支援する学校生活づくりを検討してきたが、今後は共生社会を築くために地域協働活動の在り方をさらに検討し、発展させてほしい。全国的に見ると特別支援学校の児童生徒数は増加の一途だが、過疎地域においては、今後、児童生徒数の減少が予想される。これ以上学校の規模が縮小されると校内の関わりのみでは教育効果を十分に発揮できなくなることが懸念される。そのような中で、地域交流の果たす意義はいっそう高まるだろう。今こそ地域の子どもたち住民たちとの垣根を低くし、お互いに意義のある地域交流、地域協働にしていく時ではないだろうか。その先駆けとして、今回の夷隅特別支援学校の取組は、このような機会に発信されることは大きな意義をもっていると考える。

4．終わりに

　本研究に他の特別支援学校の教員として共に研修させていただき非常に多くのことを学ばせていただいた。このような機会に感謝し、私自身今後も研鑽を積んでいきたい。

他の特別支援学校から見た夷隅特別支援学校②

千葉県立市原特別支援学校つるまい風の丘分校　教諭　本間　大貴

1．「思い」や「願い」の大切さ

（1）つるまい風の丘分校の取組

　筆者の勤務する千葉県立市原特別支援学校つるまい風の丘分校は、高等部専門学科（園芸技術科及び流通サービス科）を設置する知的障害特別支援学校である。定員は園芸技術科 16 名、流通サービス科 16 名の合計 32 名であり、職業教育を中心とした教育課程を組み、社会的・職業的自立を目指している。目指す生徒像を「健康　思いやり　貢献　挑戦」とし、日ごろから目にとまる昇降口に掲げ、生徒と共有している。

　本校においても、「生徒一人一人のキャリア発達を目指した教育課程づくり～自分らしい生き方を展望し，自己実現を促す授業改善～」を研究テーマとして、生徒の願いを大切にし、実践を進めてきた。自分のことをテーマとし、教員や仲間との対話をとおして課題解決に向かう取組を進めてきたが、その中で、自分のよさを見つけられなかった生徒が、他者との関わりをとおして自分のよさを見つけたり、自分では気が付けなかった新たな一面に気が付いたりする様子が見られた。このように専門学科を設置する知的障害対象の特別支援学校においても、自己肯定感や自己有用感を見出せない生徒や、他者との関わりを苦手としている生徒が多く在籍している。

（2）刻々と変わる児童・生徒の向き合い方

　今回、夷隅特別支援学校の研究活動にキャリア教育研究協議会委員として共に学ぶ機会をいただいた。主に小学部の取組に携わらせていただいたが、改めて、早期からのキャリア発達支援の重要性を目の当たりにした。6 月の生活単元学習「ようこそ！『おさかなワールド』へ」においては、4、5、6 年生が十分に遊びを進めている姿が見られた。活動場所の安心感、いつもと違った場所で活動する特別感、自分の好きな遊びができるワクワク感といった「思い」が前面に出ている様子が窺えた。活動する児童全員がそのような気持ちをもって取り組んでいたわけではないかもしれないが、その日の取組の中でも、活動への向き合い方が前半から後半にかけて変化していく様子が見られた。友達との関わりは多くなくても、自分の好きな遊びを見つけて、精一杯遊ぶようになったり、好きな先生と一緒に笑顔で遊んでいたり、自分の遊びから「こんなやり方はどう？」と言わんばかりに教員や友達に披露しようとしたりする姿が見られた。もちろん児童一人一人発達段階が違い、活動をとおして表出される姿に違いはあるが確実に取組への向き合い方が変化していったと感じた。ダイナミックな活動の中でも、「どんなこと（力）を身に付けてほしいのか」といったことが具体化され、関わる教員が共通理解の上で実践したことがキャリア発達を促す支援に結びついているように感じられた。

（3）仕掛けがいっぱい「ぼうけんジャングル」

　11 月から始まった「ぼうけんジャングル」の取組では、遊びが中心であることは変わ

らないが、自分が楽しんでいる姿を掲示物にしたり、「ジャングルしんぶん」を発行したりするなど、遊び場を離れた場所でも振り返る活動をとおして、ワクワク感が継続する仕組みとなっていた。その他にも、招待状を作成し、保護者や近隣の小学生を招待することで関わりの広がりや遊びの広がりが期待できる単元構成となっていた。児童たちは、全員が自分の好きな遊びを精一杯行い、それぞれが自分の思いを表現しながら遊び場で遊んでいる姿が印象的であった。また、6月にはリーダー的な存在として遊びを提案しながら取組に向かっていた児童が、良い意味で目立たなくなっていた。このことは、他の児童が遊ぶことをとおして、遊具や他者との関わり方が変化し、「遊び方を真似してみよう」「あっちの遊び場で遊んでみよう」「友達（先生）と遊ぼう」といった思いが膨らんでいった結果だったのではないかと推察する。

2．今後の夷隅特別支援学校

（1）夷隅特別支援学校の強み

　このように児童の遊び方や友達や物（遊び場）との関わりが変化した要因として、小学部全体で、「どんな力を身に付けてほしいのか」そのために「どのようなことを行っていくのか」を一丸となって取り組んだ成果があったことが挙げられる。また、その前提として、学校全体としてどのようにキャリア発達を促すのかという視点を明確にし、児童生徒の「思い」や「願い」を大切にしながら、各学部での取組を充実させたことが研究の大きな成果として挙げられる。このことは、高等部単独校では得られない強みであり、小学部において自己肯定感を育んでいくことにより、その後の学びに大きな差が出るのだろうと感じている。また、学習指導案に示された「学んだことをどのように生かしていくのか」というポイントを児童生徒一人一人について明らかにしていったことが、その後の学びにも通じていると思われる。

（2）今後への期待

　今後は各学部で取り組んだ取組を充実させながら、「どのようにつないでいくのか」ということが求められるだろう。今回の取組において小学部では「自己肯定」、中学部では「自己表現」、高等部では「自己決定」に視点を定めて一人一人の社会的・職業的自立に向けて実践を進めてきた。どの学部においても同じことが言えるが、小学部で取り組んだ生活単元学習においても自己表現、自己決定の場も多く、どの児童・生徒も取組の中で行われていたように捉えている。そのため、時間軸で捉え、各学部の取組をつなぎ、その時々の思いの変化を捉えながら、一人一人のキャリア発達支援に反映していくことを期待したい。また、各学部において「要」となる取組を軸として、どのように他教科の学びへとつながっていくのかということが挙げられる。今回大切にしてきた「思い」や「願い」の変化がどのような気付きを促し、「学びを生かしていこう」といった思いや「どうなりたいのか」といった思いにつながり、社会的自立・職業的自立に向かっていくのか、空間軸をつないでいってほしい。最後に、今回協議会委員として参加させていただいたことに感謝申し上げるとともに、今後の教育活動の充実を願っている。

全国の特別支援学校の中の夷隅特別支援学校

弘前大学大学院教育学研究科　教授　菊地　一文

1．特別支援学校におけるキャリア教育の推進

　文部科学省の学校基本調査（2020）によると、国公立の特別支援学校（分校を含む）は全国に1149校設置されており、うち知的障害者である児童生徒に対する教育を行う特別支援学校（以下、知的障害特別支援学校）は単独校で562校、他障害種との併置校を含めると790校と全体の約7割を占めている。その大半は小・中・高等部を設置している。

　従前は「キャリア教育」と言えば、高等部や高等部単独で専門学科を設置する、いわゆる「高等特別支援学校」での取組をイメージすることが少なくなかったように捉えられる。その要因としては、改訂前の学習指導要領（2009）において「キャリア教育」の推進が位置付けられたのが、高等学校及び特別支援学校高等部学習指導要領であったことが大きい。また、職業教育や進路指導の充実を図る視点から位置付けられたことにより、地域協働活動やキャリアデザインなどの特徴的な実践が高等特別支援学校からの発信によるものが多かったということもあり、そのような印象がもたれたのかもしれない。このことに関連して、いわゆる「障害の重い」児童生徒へのキャリア教育や「小学部段階」のキャリア教育が課題として挙げられることも少なくなかった。

　しかしながら新学習指導要領（2017）に至るこれまでの約10年間で、学校経営の柱へのキャリア教育の位置付けや組織的理解、実践の見直しと改善等の取組の推進により、まだ課題として捉えている状況（菊地・加瀬，2020）は散見されるものの、そのような捉え自体は少なくなってきたと捉えられる。むしろ小・中・高等部を設置する知的障害特別支援学校では、積極的にそれぞれの学部段階におけるキャリア教育を推進し、実践を積み重ねてきている学校も見られる。なお、ここで着目したいことの一つは「地域協働活動」に関する課題意識が高まっていることである。

2．夷隅特別支援学校の特徴と今後への期待

　夷隅特別支援学校は、全国各地の多くの知的障害特別支援学校の一般像とも言える以下の特徴が挙げられる。

・小・中・高等部を併置する知的障害特別支援学校である。
・都市部の立地ではなく、自然豊かな環境に立地する。
・職員の年齢構成が二極化傾向にある。
・学部を越えた教職員の学び合いや連携・協働の機会が少ないことが課題となっている。
・児童生徒の実態が多様化しており、授業及び教育課程の見直しと改善が求められている状況にある。

　このような状況であった夷隅特別支援学校は、文部科学省委託事業の指定を受けるという機会を得て、一から「キャリア教育」とは何かを組織的に学び合い、様々な試行錯誤を積み重ねてきた。その経過や到達点は本書で挙げられた実践が示すとおりであるが、まさに結果だけでなく「プロセス」を大切にし、共に学び対話を重ねていくことをとおして、異なる考えやアプローチをすり合わせてきた結果、現在の夷隅特別支援学校があるのである。何よりも「児童生徒を中心」に、その「思い」や「願い」を大切にするとともに、教職員それぞれの「思い」を「言語化」し「対話」に努めてきたことが大きいと考える。まさにその現れが、本書の最大の特徴と言える、各所で紹介されている教員による児童生徒のキャリア発達の姿を文字化したコラムである。

　振り返ってみると、筆者が来校するたびに声をかけてくれ、自分の考えと実践について話してくれる先生方がおり、校内では対話や児童生徒の学びや育ちの姿の可視化に努めている姿が目に浮かぶ。時には葛藤したり教職員間で衝突したりすることがあったとしても、よい方向に変わろうという意識をもち、少しずつ変わっていく学校の姿を見ることほどうれしいことはない。

　しかしながら、夷隅特別支援学校の現在の到達点はゴールではなく、さらに学び合い、高め合っていく通過点である。それだけ教育とは難しいものであり、教師は絶えず実践を振り返り、その価値や課題に気づき、よりよいものを目指していくことが求められる。さらには、教師個々が自分ごととしてだけでなく、組織として自分たちごととして取組を進めていくことが求められている。

　なお、現在夷隅特別支援学校では、これまでの知見をさらに深めていくために、児童生徒の目標設定と振り返りにおける「対話」に焦点を当てた研究を進めている。今後の実践の深化に期待したい。

　キャリア教育の実践に限らず、一般的に取組の成果に目が向きがちであり、「何をしたか」のみに捉われてしまうことが少なくない。しかしながら成果だけに捉われず、そこに至るプロセスを含めて社会に開き、「どのように変化したか」について課題を含めて言語化し、発信していくことは、その学校だけでなく、他の学校にとっても参考になるはずである。夷隅特別支援学校が児童生徒一人一人の姿を複数の目をとおして捉えようとした経緯、そしてその過程で感じたことの言語化、文字化、さらには教師自身が省察し意識変容していく過程を示した本書は、読み手自身にも何らかの共通する「思い」や今後「なりたい・ありたい」方向性としての刺激を与えるであろう。

　研究指定校となったことは、環境側からの働きかけの結果であり「きっかけ」ではあったが、そのことをどのように受け止め、学校経営や組織運営に活かしていくかが肝要である。文部科学省や教育委員会による研究指定の有無にかかわらず、どの学校においても様々な機会を学校課題解決のチャンスとして受け止め、自分たちごととして進めていこうという意識やそのための仕掛けが必要である。読者の皆様には、夷隅特別支援学校の一連の取組の成果を特別なものとしてではなく、自分たちでも実現可能なこととして捉えてい

ただきたい。

　繰り返しになるが、自校の実践を言語化し文字化するなどの「対話」を重ねていくことは、チーム力の強化につながり、そして広く発信していくことは、自校の課題解決や発展につながるはずである。夷隅特別支援学校をはじめ、全国各地各校の益々の発展を願っている。

文献

文部科学省（2020）令和2年度学校基本調査.

菊地一文・加瀬恵（2020）「本人の願い」を踏まえたキャリア発達支援の在り方に関する研究(1) −キャリア教育の理解推進状況の変化と充実に向けた課題−, 日本特殊教育学会第58回大会発表論文集.

加瀬恵・菊地一文（2020）「本人の願い」を踏まえたキャリア発達支援の在り方に関する研究(2) −個別の教育支援計画に焦点を当てて−, 日本特殊教育学会第58回大会発表論文集.

菊地一文（2013）特別支援学校におけるキャリア教育の推進状況と課題−特別支援学校を対象とした悉皆調査の結果から−, 発達障害研究第35巻4号, 日本発達障害学会.

おわりに

　2019（令和元）年度は、台風による大雨被害、新型コロナウイルス感染症による対応等、学校・家庭・地域を中心に学習や生活をする児童生徒・教職員にとって大変な時期でした。台風や大雨の際は、長期間にわたる停電や洪水、がけ崩れなどにより避難生活を余儀なくされました。また、新型コロナウイルス感染症の際は、学校等の臨時休業や様々な生活の規制があり、障害のある児童生徒にとって、また指導支援を行う教職員にとっても、「なぜ」「なんのために」「今、何をしなければいけないのか」「この活動はなぜ必要なのか」など、このような時ではありましたが、改めて考えるきっかけとなったのではないでしょうか。

　夷隅特別支援学校では、2017（平成29）年度から2019（令和元）年度にかけて、「特別支援教育に関する実践研究事業（次期学習指導要領に向けた実践研究）」を文部科学省からの委託を受け、また千葉県教育委員会の研究指定を受け、「キャリア教育」の研究を進めてきました。2019（令和元）年度は本校創立40周年を迎え記念する年に、盛大な公開研究会を開催し、ここに3年間の実践をまとめることができました。

　研究1年次は、「キャリア教育とは何か」など研究の基本を確認しながら理解を進め、校務分掌ごとに小学部から高等部に至る連続した学習活動を検討しました。学部の枠を超え職員間で連携し合えたことで、研究にも一体感が出て、学校としてのまとまりが感じられるようになりました。

　研究2年次は、1年次の取組を発展させ、「なぜ・なんのために」「何を」「どのように」を大切にした授業づくりを行い、キャリア発達の具体的な姿について話し合い、キャリア発達の理解を深めました。全体研修では、各学部段階で大切にしたいキーワードを検討したり、研究協議会の充実を図るために「ＫＪ法®」の手法を取り入れた研修を行ったりしたことで、学部間のつながりを深め、協議を充実させることができました。

　研究3年次は、キャリア発達を支援する学校生活づくりに向けて、授業の在り方を検討し、地域との協働をとおして、自立を見据えたキャリア発達を支援する教育課程の編成の在り方を明らかにしてきました。加えて、卒業後の生活を学ぶ中で、小学部中学部段階からの卒業後を見据えた指導・支援を、実践に生かすことができました。

　また、2年次と3年次には、本校校長を講師に専門性の向上を目指し、教員のキャリア発達を図りました。この研修で、キャリア発達における基礎的・汎用的能力を確認し、教員自身のキャリア発達やキャリア形成について考えたり、自身の「強み」や「弱み」を考え、教員間で意見交換したりすることにより、組織力を高め、キャリア発達についてより理解を深めることができました。そして、児童生徒の行動だけでなく、「思い」やその変化に着目できるようになり、キャリア発達に気付く視点が研ぎ澄まされてきたと感じました。

　これからも、この3年間のキャリア教育推進に関する研究をさらに深め、児童生徒たち

にとっても、教職員にとっても、「社会的・職業的自立に向け、生きて働く確かな力」となるように邁進していきたいです。そのためにも、これまでのキャリア教育の研究を生かし、開かれた学校づくりや地域協働の一層の発展と充実、組織的な教育課程の編成・カリキュラムマネジメントの充実を図っていきたいと思います。

　これから先の時代、いつどのような危機が発生するか分かりません。これからの時代を担う子どもたち、その子どもたちを育てる教職員が、これまでの「キャリア発達を支援する」研究を糧に、これからの活躍を広げていくことができれば、素晴らしいと思います。

　なお、本書はこれまでの３年間におよぶキャリア研究の成果を、弘前大学大学院教授菊地一文先生の御尽力を賜り刊行いたしました。

　最後になりましたが、御多用の中、３年間の研究を進めるにあたり、御指導・御助言を賜りました弘前大学大学院教授菊地一文先生をはじめ関係機関の皆様、地域の小中学校や特別支援学校の先生方、行政機関の方々、保護者の方、キャリア教育研究協議委員の皆様に、深く感謝申し上げますとともにお礼とさせていただきます。

　　　千葉県立夷隅特別支援学校　教頭（現　千葉県立大網白里特別支援学校　教頭）　**落合　修**

【執筆者一覧】

菊地　一文	弘前大学大学院教育学研究科　教授	
髙瀬　浩司	千葉県立障害者高等技術専門校　主査	
	（現千葉県教育庁教育振興部教職員課　管理主事）	
松橋　達也	社会福祉法人佑啓会ふる里学舎地域生活支援センター　センター長	
塩田　順子	千葉県教育庁教育振興部特別支援教育課　指導主事	
宮坂　拓也	千葉県教育庁東上総教育事務所指導室　指導主事	
鈴木　和美	千葉県立夷隅特別支援学校　ＰＴＡ会長	
田邊　磨美子	いすみ市立夷隅小学校　教諭	
長田　恵利子	勝浦市立勝浦中学校　教諭	
鈴木　保博	千葉県立八日市場特別支援学校　教諭	
	（現千葉県立障害者高等技術専門校　副主査）	
本間　大貴	千葉県立市原特別支援学校つるまい風の丘分校　教諭	

（令和2年3月時、順不同）

【研究同人】

【 2019 (令和元) 年度 】

＜校　長＞　　年光　克水

＜教　頭＞　　落合　修

＜教務主任＞　佐川　恭

＜小学部＞　　飯田進哉、酒井元子、久我美加、鈴木彩加、岩瀬　楓、鵜澤亮太、加藤彩乃、平野彩夏、脇坂将史、實方乃里子、木戸いずみ、元吉則夫、伊藤陽子、菅井章世

＜中学部＞　　吉原　清、峯島智子、中村友人、仲佐仁志、松尾吉剛、土橋雄次、磯野友香、末吉重雄、石羽根里美、平野彩美、麻生更紗、大曽根文代、遠藤芙海

＜高等部＞　　大塚尚美、井桁陽子、金綱健太郎、長谷川ゆか、中野成美、大矢正代、井桁龍太、大竹　香、河野良平、秋塲智花乃、杉江由理子、石垣　早、田村純一、渡邊祐二、久我一寿、福本　匠、井上幹那、池田　翔、三上よしみ（養護教諭）

※ 2017 〜 2018 (平成 29 〜 30) 年度研究同人については、2019 (令和元) 年度研究同人に加えて掲載する。

【 2018 (平成 30) 年度　研究同人 】

藤盛康子、須藤孝訓、三橋智子、山田祐大、内田和香菜、永野悦子、岡澤孝昭、髙梨叶恵、相沢郁夫、渡邊和義、淵上温子、三宅志穂、中村暢之

【 2017 (平成 29) 年度　研究同人 】

＜教　頭＞　　川嵜　洋子

鈴木順子、菅谷匡洋、大野由紀子、髙木　聡、干台奈緒、青木裕美、新井翔輝、坂上風香、新井和輝、三宅日和、平野和代、鈴木美樹、石川由奈

小学部から組織的に取り組む
「キャリア発達支援」の実践

令和3年3月22日　初版第1刷発行

■編　　著　　千葉県立夷隅特別支援学校
■監　　修　　菊地　一文
■発 行 人　　加藤　勝博
■発 行 所　　株式会社 ジアース教育新社
　　　　　　　〒101-0054　東京都千代田区神田錦町1-23　宗保第2ビル
　　　　　　　TEL：03-5282-7183　FAX：03-5282-7892
　　　　　　　E-mail：info@kyoikushinsha.co.jp
　　　　　　　URL：https://www.kyoikushinsha.co.jp/

■表紙カバー・本文デザイン・DTP　　土屋図形 株式会社
■印刷・製本　　三美印刷 株式会社
Printed in Japan
ISBN978-4-86371-577-6
定価は表紙に表示してあります。